Otto Piller

# Die soziale Schweiz



2



Haupt

Otto Piller

# Die soziale Schweiz

## Die schweizerischen Sozialwerke im Überblick

Haupt Verlag
Bern · Stuttgart · Wien

Dr. *Otto Piller*, bis 2003 Direktor des Bundesamts für Sozialversicherung, zuvor Direktor des Bundesamts für Messwesen. Ständerat für den Kanton Freiburg 1979–1995, Präsident des Ständerates 1992/93.

1. Auflage: 2006

Bibliografische Information der *Deutschen Bibliothek*

Die Deutsche Bibliothek verzeichnet diese Publikation in der Deutschen Nationalbibliografie; detaillierte bibliografische Angaben sind im Internet über http://dnb.ddb.de abrufbar.

ISBN-13: 978-3-258-07097-1
ISBN-10: 978-3-258-07097-0


Printed in Switzerland

www.haupt.ch

Inhalt gemäss Ausdruck lesen



# Inhaltsverzeichnis

# Vorwort

In der zweiten Hälfte des vergangenen Jahrhunderts hat sich in den meisten westlichen Industrienationen die Überzeugung durchgesetzt, dass alle Menschen gegen die wirtschaftlichen Folgen von Alter, Invalidität, Krankheit, Unfall, Arbeitslosigkeit, Mutterschaft, Verwaisung und Verwitwung gesichert sein sollen. Entsprechend wurden soziale Sicherungsnetze aufgebaut und die Leistungsansprüche gesetzlich festgelegt.

Die Solidarität zwischen Reichen und Armen, Gesunden und Kranken, Jungen und Alten, Frauen und Männern bildete dabei jeweils den Grundpfeiler.

Insbesondere die wirtschaftlichen und gesellschaftlichen Veränderungen der vergangenen Jahrzehnte führten dazu, dass sich die Sozialstaaten neuen Herausforderungen stellen müssen.

Während neoliberale Wirtschaftskreise einen Leistungsabbau fordern, verlangen die Befürworter eines starken Sozialstaates die Schliessung von Lücken im sozialen Netz, die durch diese Veränderungen neu entstanden sind.

Im vorliegenden Buch werden im ersten Kapitel der Aufbau des Sozialstaates Schweiz beschrieben und auf die neuen Herausforderungen eingegangen. Wie sieht der Bundesrat die Entwicklung unseres Sozialstaates in den ersten Jahrzehnten des einundzwanzigsten Jahrhunderts und welchen Auftrag erhielten die politischen Verantwortungsträger mit dem Inkrafttreten der neuen Verfassung am ersten Januar 2000?

In den nachfolgenden Kapiteln wird das heute existierende soziale Netz, bestehend aus Sozialversicherungen und ergänzenden Bedarfsleistungen im Detail beschrieben. Der Leserin und dem Leser wird der Sozialstaat Schweiz umfassend in Lehr- und Sachbuchform erläutert. Jedes Kapital wird mit einem Ausblick abgeschlossen, in dem die wichtigsten anstehenden Probleme aufgezeigt und mögliche Lösungen skizziert werden. Dabei wird stets auf der Grundlage der bestehenden Verfassung argumentiert.

Ein Kapitel befasst sich mit der grenzüberschreitenden sozialen Sicherheit, die durch die bilateralen Verträge mit der EU einerseits und mit der zügig voranschreitenden Globalisierung der Wirtschaft andrerseits für die Schweiz von grosser Bedeutung ist.

Für die Erstellung der Tabellen und Abbildungen wurde auf das Datenmaterial zurückgegriffen, das beim Verfassen des Buches zugänglich und gesichert war. Deshalb sind auch jeweils unterschiedliche Jahreszahlen aufgeführt. Im

Anhang finden die Leserin und der Leser die Internetadressen, die den Abruf der jeweils neuesten Daten ermöglichen. Im Text werden in der Regel die kürzeren Begriffe «Arbeitgeber» und «Arbeitnehmer» verwendet an Stelle der korrekten Schreibweise «Arbeitgeberinnen und Arbeitgeber» sowie «Arbeitnehmerinnen und Arbeitnehmer».

Der Autor dankt ganz herzlich seiner Frau Verena, die mit grosser Geduld und ebenso grosser Kompetenz am Text zahlreiche Korrekturen vorgenommen hat, und seinem Sohn Andreas, der in mühsamer Recherchierarbeit das umfangreiche Zahlenmaterial zusammentrug und die informativen Tabellen und Abbildungen erstellte. Nur dank dieser wertvollen Hilfe und Unterstützung und die immer wieder angebrachte konstruktive Kritik konnte das vorliegende Buch geschaffen werden. Ein grosser Dank gilt auch demVerlag Haupt, der sich spontan bereit erklärte, die Herausgabe zu übernehmen.

Alterswil, 2006 Otto Piller

# 1. Einleitung

## 1.1 Der lange Weg zum Sozialstaat Schweiz

In der 2. Hälfte des 20. Jahrhunderts hat sich die Schweiz zu einem modernen, leistungsfähigen und sozialen Rechtsstaat entwickelt.

Wenn wir uns allerdings vergegenwärtigen, wann und wie in der Schweiz die wichtigen Sozialwerke geschaffen wurden, dann sehen wir, dass jedem neuen Schritt jeweils unzählige Wenn und Aber vorausgingen und es zu jedem viele Anläufe und lange parlamentarische Beratungen brauchte. So wurde die Alters- und Hinterlassenenversicherung (AHV) 1948 eingeführt, die Invalidenversicherung (IV) 1960, die obligatorische berufliche Vorsorge (BV) 1985 und das neue Krankenversicherungsgesetz (KVG) mit dem in der ganzen Schweiz geltenden Versicherungsobligatorium gar erst 1996. Gefordert wurden diese Sozialversicherungen aber schon gegen Ende des 19. Jahrhunderts! Dieses langsame Vorwärtstasten hatte zumindest den Vorteil, dass wir von den Erfahrungen der andern Staaten lernen konnten. Unser heutiges System wird in internationalen Vergleichen fast durchwegs positiv bewertet und gelegentlich sogar zur Nachahmung empfohlen.

Vor der Schaffung dieses nationalen sozialen Netzes waren die Bedürftigen lange Zeit auf «christliche Mildtätigkeit» angewiesen. Später folgte die Unterstützungspflicht der Heimatgemeinden und nur langsam baute sich das hartnäckige Vorurteil ab, Armut sei als persönliches Verschulden einzustufen.

Die wirtschaftliche Situation der Schweiz im 19. Jahrhundert vor der Schaffung des Bundesstaates war in keiner Weise mit der heutigen vergleichbar. Die frühkapitalistische Industrialisierung hatte auch in der Schweiz ein mittelloses Proletariat geschaffen. Armut und Hunger prägten bei weiten Teilen der Bevölkerung den Alltag und bildeten fast den Normalfall.

Die politischen Verantwortungsträger nahmen sich nur zögerlich dieser neuen Probleme an. Lange, zu lange sahen sie ihre Aufgabe in der Erhaltung der Sicherheit gegen aussen und in der sehr eng verstandenen inneren Sicherheit. Eine möglichst starke Armee sollte die Souveränität garantieren und für die innere Sicherheit sorgten eine in der Regel nicht sehr volksnahe Polizei und eine für die damalige Zeit im Allgemeinen gut ausgerüstete Feuerwehr. Die Bürger (von den Bürgerinnen sprach man damals nicht!) sollten gegen Überfälle, Einbrüche und

Brände geschützt werden, für den Rest hatten sie selber zu sorgen. In den Gemeinwesen (Gemeinden, Korporationen) waltete der «Armenvater», der oftmals nach freiem und willkürlichem Ermessen mit Mitteln der öffentlichen Hand die Armen vor der totalen Verelendung zu retten hatte.

Dieser «Nachtwächterstaat» reagierte denn auch sehr ungeschickt und mit aller Härte auf Proteste und Unruhen, verursacht durch die stark anwachsende Armut in der Arbeiterschaft, die ohne staatlichen Schutz in vielen Industriebetrieben regelrecht ausgebeutet wurde.

Langsam setzte sich aber allmählich bei weitsichtigen Politikern die Überzeugung durch, dass die soziale Sicherheit ein wichtiger Bereich der inneren Sicherheit bilden müsse.

Wohl als Erster innerhalb Europas handelte der deutsche Reichskanzler Bismark. Er wird deshalb zu Recht noch heute als «Vater» des Sozialstaates angesehen.

Bismark unterbreitete bereits 1881 dem Reichstag eine für die damalige Zeit geradezu revolutionäre Vorlage zur Schaffung einer Unfallvesicherung. Mit besonderem Interesse liest sich heute die damalige Begründung von Bismarck:

*«Das Unfallversicherungsgesetz bestimmt, dass alle in Bergwerken, Salinen, Aufbereitungsanstalten, Brüchen und Gruben, auf Werften, bei der Ausführung von Bauten und in Anlagen für Bauarbeiten, in Fabriken und Hüttenwerken beschäftigten Arbeiter und Betriebsbeamten, deren Jahresarbeitsverdienst an Lohn oder Gehalt nicht über 2000 Mark beträgt, bei einer von dem Reiche zu errichtenden und für Rechnung desselben zu verwaltenden Versicherungsanstalt gegen die Folgen der beim Betrieb sich ereignenden Unfälle nach Massgabe der Bestimmungen dieses Gesetzes versichert sein sollten. Die Genesis und die Bedeutung dieses Gesetzes ist klar. Es entspringt den Ideen des Sozialismus und soll durch die dem Arbeiter angebotene Unterstützung der Sozialdemokratie eine wirksame Konkurrenz machen. Haben die Führer derselben bisher den Arbeitern die Regierung als den hartherzigen Mann hingestellt, der immer nur für die Reichen und Beamten, niemals für die Arbeiter sorge, so soll letzteren durch dieses Gesetz dargethan werden, dass die Regierung für sie ein warmes Herz hat und dass sie, wenn sie sich dieser anvertrauen, besser daran sind, als unter den von den Sozialdemokraten geplanten chaotischen Zuständen.»*

Als die damalige Fortschrittspartei im Reichstag dieses Gesetz mit den Worten bekämpfte: *«Das ist Staatssozialismus und eine kommunistische Idee der schlechtesten Sorte»,* erwiderte der Reichskanzler:

> *«... es ist ein wohlfeiles Spiel mit dem Schatten an der Wand, wenn man ‹sozialistisch› darüber ruft. Wenn einer für unsere Bestrebungen einen Namen finden will, den ich bereitwillig annehme, so ist es der: praktisches Christentum, aber sans phrase, wobei wir die Leute nicht mit Reden und Redensarten bezahlen, sondern ihnen wirklich etwas gewähren wollen. Aber umsonst ist der Tod.»*

Dieser kurze Ausschnitt aus der Reichtagsdebatte im Jahre 1881 gibt in gewissem Sinne die Geburtsstunde der Sozialversicherungen wieder.

Innerhalb von nur sechs Jahren wurden dann in Deutschland die Unfall-, die Kranken- und schliesslich die Alters- und Invalidenversicherung geschaffen. Für Bismarck war es wichtig, dass die verarmte Arbeiterklasse einen minimalen Sozialschutz erhält. Er realisierte diesen nicht aus «christlicher Nächstenliebe», sondern um politische Unruhen zu verhindern. Solche konnte er bei der Durchsetzung seiner politischen und militärischen Ziele nicht gebrauchen. Es erstaunt deshalb nicht, dass in Deutschland keine umfassenden Volksversicherungen geschaffen wurden, bei denen alle einzahlen, meistens nach Massgabe ihrer Einkommen, aber auch alle Leistungen beziehen. Bismarck wollte, dass nur die verarmte Arbeiterklasse einen minimalen Sozialschutz erhielt, deshalb beschränkte er die Versicherungspflicht auf tiefe Einkommen.

Im jungen schweizerischen Bundesstaat wurde, vermutlich auch mit Blick auf die Entwicklung in Deutschland, bald einmal die Forderung nach einer Kranken- und Unfallversicherung laut. Ihre Realisierung erfolgte aber geradezu im Schneckentempo. Auf den 1890 angenommenen Verfassungsartikel folgte ein erster Gesetzesentwurf, der 1900 in einer Referendumsabstimmung abgelehnt wurde. Erst 1912 konnte ein Kranken- und Unfallversicherungsgesetz verwirklicht werden. Dieses bildete die Grundlage einer obligatorischen Unfallversicherung für die Arbeitnehmer mit erhöhtem Unfallrisiko. 1918 wurde die SUVA als selbständige Anstalt unter Aufsicht des Bundes gegründet und mit der Durchführung dieser obligatorischen Unfallversicherung beauftragt. Bei der Krankenversicherung wurde auf das Obligatorium verzichtet, und der Bund beschränkte sich im Wesentlichen auf die Subventionierung der bestehenden Krankenkassen.

Das umfassende Versicherungsobligatorium wurde letztlich erst mit dem neuen Krankenversicherungsgesetz im Jahre 1996 eingeführt.

Die Idee einer obligatorischen Alters- und Invalidenvorsorge, wie sie Bismarck in Deutschland verwirklichte, war ebenfalls bereits gegen Ende des 19. Jahrhunderts eine Forderung der Gewerkschaften und Sozialdemokraten. Sie nahm aber erst nach dem Ersten Weltkrieg Gestalt an und wurde im Jahre 1925 in die Verfassung aufgenommen, blieb aber lange Zeit toter Buchstabe. Gegen das erste Ausführungsgesetz wurde das Referendum ergriffen. Die Abstimmung, die 1931 stattfand, verlief negativ, und dies besonders deshalb, weil der Bundesrat in der Frage uneinig war und sich einzelne seiner Mitglieder in aller Öffentlichkeit bekämpften. So warb der freisinnige Bundesrat Schulthess für die Vorlage und der katholisch-konservative Bundesrat Musy bekämpfte sie vehement.

Die anschliessend einsetzende Wirtschaftskrise und der darauf folgende Zweite Weltkrieg führten im Bundesrat zu einer gewissen Mutlosigkeit und das an sich vordringliche Geschäft wurde vorerst nicht weiterverfolgt.

Anders reagierte England auf die Wirtschaftskrise der 30er Jahre des 20. Jahrhunderts. Angesichts der grossen Verarmung weiter Kreise der Bevölkerung und insbesondere der Familien beauftragte die Regierung Lord Beveridge Vorschläge zu erarbeiten, wie die Armut wirksam und nachhaltig bekämpft werden könnte. Im Jahre 1942 legte Beveridge seinen Plan für eine umfassende soziale Sicherheit vor. Dieser Plan sah Massnahmen vor für eine Wirtschaftspolitik, die die Vollbeschäftigung bringen sollte, weiter zielte er auf eine Stärkung der Familien mittels Familienzulagen und auf ein für die gesamte Bevölkerung geltendes existenzsicherndes Rentensystem zu tragbaren Prämien. Ergänzt werden sollten diese Massnahmen mit einem unentgeltlichen staatlichen Gesundheitswesen.

Der Beveridge-Plan bildete somit eine echte Alternative zum Bismarck-Modell. Während Bismarck gezielt bestimmten Gruppen der Bevölkerung einen minimalen Sozialschutz geben wollte, allerdings über Sozialversicherungen und nicht über die Sozialhilfe nach individuellem Bedarf, entwickelte Beveridge eine umfassende und für die gesamte Bevölkerung geltende Sozialstaatsidee.

Noch während des Zweiten Weltkrieges begann England den Beveridge-Plan umzusetzen und es gelang trotz der grossen Kriegsbelastung die Armut in wenigen Jahren wirkungsvoll zu bekämpfen.

In der Schweiz stiess der Beveridge-Plan ebenfalls auf grosses Interesse, drängte doch die politische Linke auf die Realisierung der in der Verfassung verankerten Alters- und Invalidenversicherung. Allerdings bekämpften liberale Kreise auch zwanzig Jahre nach der Schaffung des Verfassungsartikels die gesetzliche Realisierung und malten Schreckensbilder von einem «wuchernden Staatssozialismus» an die Wand. Der damalige Präsident des Schweizerischen Handels- und Industrievereins z.B. sprach im Zusammenhang mit der Schaffung einer Altersversicherung von einer Überspitzung des Wohlfahrtstaates als Vorstufe zur Diktatur. Die Liberalen waren damit lange erfolgreicher als fünfzig Jahre zuvor die gleichen Kreise in Deutschland. Die Landesregierung selbst erachtete die Lösung der kriegswirtschaftlichen Probleme ebenfalls als vordringlicher. Insbesondere wuchs die Not bei den im Aktivdienst stehenden Soldaten und bei deren Familien bedrohlich an und es musste dringend eine Lohn- und Verdienstersatzordnung geschaffen werden. Der Bundesrat hatte in dieser Zeit ausserordentliche Vollmachten und so konnte er dieses Vorhaben zügig realisieren und am 1. Januar 1940 in Kraft setzen.

Nach dem Zweiten Weltkrieg war die Zeit zur Realisierung des Verfassungsauftrages dann endlich reif. Der Bundsrat erkannte, dass in einem ersten Schritt rasch eine Alters- und Hinterlassenenvorsorge geschaffen werden musste. Die Armut bei den alten Menschen hatte sich derart stark entwickelt und weit verbreitet, dass generell Alter mit Armut gleichgesetzt werden musste. Bei der Ausführungsgesetzgebung orientierte sich die Regierung an den Lösungen von Bismarck und Beveridge. Es sollte eine Altersversicherung für die gesamte Bevölkerung geschaffen werden, ohne Unterscheidung zwischen Reichen und weniger Reichen. Alle sollten entsprechend ihrem Einkommen Beiträge bezahlen, doch die Versicherten mit geringem Einkommen sollten bei der Rente begünstigt werden. Der Gesetzesentwurf wurde im Parlament gut aufgenommen. Trotzdem ergriffen wiederum liberale Wirtschaftskreise und erzkonservative katholische Exponenten das Referendum, allerdings erfolglos. So konnte die schweizerische AHV im Jahre 1948 endlich in Kraft gesetzt werden.

Basierend auf der AHV-Gesetzgebung folgte dann im Jahre 1960 die Invalidenversicherung.

Im Jahre 1972 beschloss der Souverän den Verfassungsartikel zur Einführung der Dreisäulenkonzeption in der Altersvorsorge und darauf basierend wurde 1985 das Bundesgesetz über die berufliche Vorsorge in Kraft gesetzt.

Die Verfassungsgrundlage für eine obligatorische Arbeitslosenversicherung folgte im Jahre 1976, und nach langem, langem Ringen um einen tragfähigen

Kompromiss konnte 1996 endlich auch das Krankenversicherungsobligatorium eingeführt werden.

Mit diesen wichtigen Meilensteinen und den periodisch durchgeführten Revisionen der bestehenden Gesetze war der leistungsfähige Sozialstaat Schweiz, basierend im Wesentlichen auf Sozialversicherungen, gegen Ende des 20. Jahrhunderts endlich geschaffen.

Bei der Realisierung des Schweizerischen Systems griff man jeweils auf Ideen von Bismarck und Beveridge zurück. Insbesondere der Vorschlag der umfassenden Volksversicherung nach Beveridge wurde in allen unseren Sozialversicherungen übernommen.

Mit Ausnahme der Krankenversicherung ging die Schweiz bei der Finanzierung jeweils über die Vorschläge von Beveridge hinaus und zog die Lösung von Bismarck (Lohnprozente) vor. Beveridge schlug einheitliche Prämien für alle vor, also eine Art Kopfprämie, wie wir sie in der Krankenversicherung kennen. Allerdings sah der Beveridge-Plan nur Beiträge für Personen mit Einkommen und Vermögen vor, und der Staat musste über Steuereinnahmen wesentlich mitfinanzieren.

Zu Beginn der 90er Jahre des 20. Jahrhunderts wuchs in der Schweiz die Kritik am bestehenden System der sozialen Sicherheit. Auf der einen Seite wurden Stimmen immer lauter, die wesentliche Leistungsverbesserungen forderten, insbesondere um den Menschen zu helfen, die durch die wirtschaftlichen und gesellschaftlichen Veränderungen neuen Armutsrisiken ausgesetzt wurden, die im bestehenden System unerfasst blieben.

Auf der andern Seite erklärten fundamentalistisch-liberale Kreise, die sich nie mit den Sozialversicherungen abfinden konnten, diese seien unbezahlbar geworden. Das Versicherungsprinzip sei deshalb aufzugeben und die staatliche Hilfe auf Leistungen an «wirklich Arme» zu beschränken.

Auf politischer Ebene wurde in der Folge der Ruf nach einer Gesamtsicht über die künftige Entwicklung des Sozialstaates und einer Neukonzeption der Sozialpolitik laut. Die politische Linke verlangte, dass die neuen Armutsrisiken abgesichert werden müssen, die politische Rechte andererseits forderte eine Begrenzung der Sozialausgaben.

Auf diese Kritik, die Ursachen dieser neuen Herausforderungen, die Vorchläge des Bundsrates und den neuen Verfassungsauftrag wird nachfolgend eingegangen.

## 1.2 Wirtschaftliche und gesellschaftliche Veränderungen im 20. Jahrhundert

Im 20. Jahrhundert haben sich wie nie zuvor in der Geschichte der Menschheit insbesondere in den westlichen Industrienationen grosse wirtschaftliche und gesellschaftliche Veränderungen vollzogen. Die naturwissenschaftliche Forschung führte zu bahnbrechenden Entdeckungen und Erfindungen die technisch umgesetzt wurden. Dies wiederum führte zu einer starken wirtschaftlichen Entwicklung, vorerst verbunden mit der Schaffung vieler industrieller und gewerblicher Arbeitsplätze. Allerdings blieb dabei der Einfluss auf die Gesellschaft nicht aus.

So führte z.B. die Erfindung des Verbrennungsmotors zur Entwicklung des Autos, das heute zu den wohl wirtschaftlich bedeutendsten Konsumgütern unserer Gesellschaft zählt. Produktion, Unterhalt und Reparatur schufen in Europa Millionen von Arbeitsplätzen. Ebenso viele entstanden im Tiefbau, musste doch als Folge der Autoproduktion eine riesige Strasseninfrastruktur aufgebaut und unterhalten werden. Die Arbeitsplätze sind allerdings nur die eine Seite. Auto und Strassen wandelten im Laufe weniger Jahrzehnte die Gesellschaft fundamental. In der ersten Hälfte des 20. Jahrhunderts spielte sich das gesellschaftliche Leben mehrheitlich noch im Umkreis des «zu Fuss» oder «per Fahrrad» Erreichbaren ab. Heute wird der alltägliche Aktionsradius der Menschen durch die zeitliche Erreichbarkeit mit dem Auto bestimmt. Aus einer vorwiegend lokal gebundenen Gesellschaft ist eine äusserst mobile geworden!

Im Jahre 1948 entdeckten die amerikanischen Physiker Bardeen, Cooper und Schrieffer den Halbleitereffekt und wurden dafür mit dem Nobelpreis für Physik ausgezeichnet. Diese Erfindung bildete den Grundstein für die stürmische Entwicklung der Halbleitertechnologie und der heute auf alle Lebensbereiche einwirkenden Elektronik. Ohne Halbleitertechnologie gäbe es keine digitale Datenverarbeitung, kein Internet, keine PCs, keine Handys usw.

Bereits ab Mitte der 60er Jahre des 20. Jahrhunderts konnten dank der modernen Elektronik Roboter und Automaten in der Produktefertigung eingesetzt werden, die die arbeitenden Menschen an Maschinen und Fliessbändern immer mehr ersetzten. Allerdings schufen diese neuen Technologien auch viele Arbeitsplätze mit wesentlich höheren Anforderungen an die Beschäftigten.

Auch in der Landwirtschaft führte der Einsatz von technischen Errungenschaften zu tief greifenden Veränderungen. Das Pferd als Arbeitstier wurde durch Zugsmaschinen ersetzt und Produktions- und Erntemaschinen traten an die Stelle der früher zahlreichen menschlichen Arbeitskräfte.

Entsprechend veränderte sich Arbeitswelt. Während der erste und zweite Sektor massiv schrumpften, wuchs der dritte Sektor stetig an (Abb. 1).

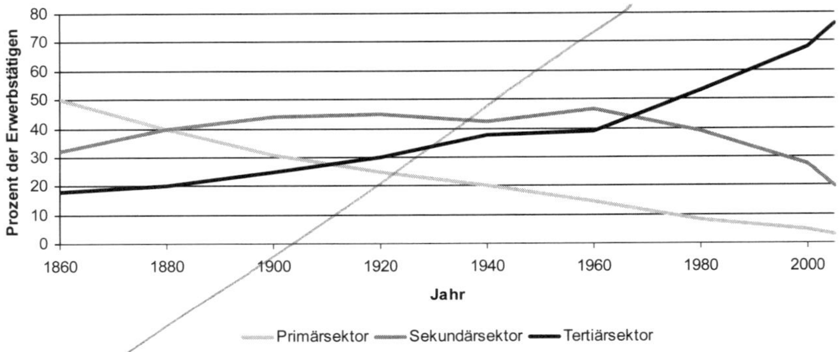


**Abbildung 1:** Arbeitsplatzentwicklung in den drei Wirtschaftssektoren
Quelle: Bundesamt für Statistik

Einen grossen Einfluss hatten Forschung und Entwicklung auch auf das Gesundheitswesen. Wirksame Medikamente, hoch auflösende Diagnoseapparate und neue chirurgische Operationstechniken wirkten sich sehr positiv auf die Volksgesundheit aus. Entsprechend stieg die Lebenserwartung stark an (Abb. 2) und auch die Lebensqualität im Alter wurde wesentlich verbessert. Wenn noch vor drei bis vier Jahrzehnten innerhalb einer Familie drei Generationen die Regel war, sind es heute in einer Vielzahl von Familien bereits deren vier. Diese an sich sehr erfreuliche Entwicklung hat natürlich auch Auswirkungen auf die künftige Altersvorsorge. Nicht zu unterschätzen ist auch der wirtschaftliche Effekt dieser Entwicklung. Das Gesundheitswesen der Schweiz beschäftigt heute rund 400'000 Personen und es zählt somit zu den wichtigsten Bereichen unserer Wirtschaft.

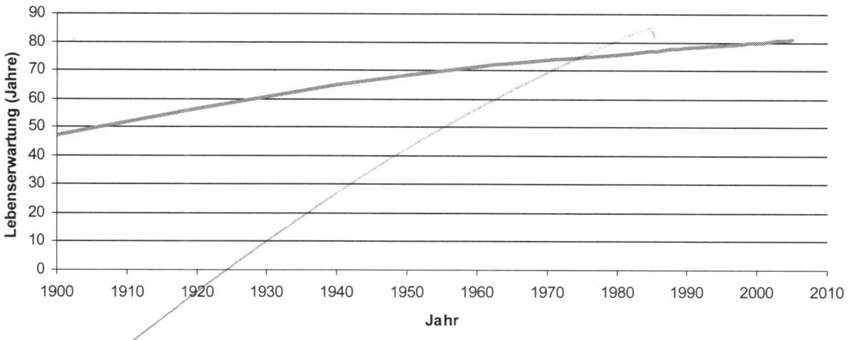


**Abbildung 2:** Entwicklung der Lebenserwartung in der Schweiz
Quelle: Bundesamt für Statistik

Als 1948 in der Schweiz die AHV eingeführt wurde, basierte diese auf dem Familienmodell, bei dem der Mann und Vater der Kinder die «Ernährerpflichten» voll übernimmt und die Frau und Mutter als Hausfrau wirkt. Leben im Konkubinat war in vielen Kantonen noch verboten und ein Eherecht, das die Frauen sehr benachteiligte, war mit ein Grund, dass auch die Scheidungsrate tief lag. Lange, sehr lange liess die Gleichstellung von Mann und Frau in der Schweiz auf sich warten.

Wiederum war es eine weitere wichtige Erfindung im 20. Jahrhundert, die den gesellschaftlichen Wandel und die Stärkung der Rechte der Frau stark beschleunigte. Der aus Wien stammende und nach Amerika emigrierte Chemiker Carl Djerassi schuf im Jahre 1951 die wissenschaftlichen Grundlagen zur Entwicklung der Empfängnisverhütungspille. Diese brachte den jungen Frauen die Möglichkeit, wichtigste Entscheide im Leben selber zu fällen. Entsprechend folgte z.B. der «Pillenknick» bei den Geburtenzahlen.

Grosse Diskussionen wurden dadurch eingeleitet und brachten zusätzlichen Nährstoff für die 68er Bewegung, die ihren Ursprung wohl im Vietnamkrieg hatte. Als sehr wichtige Ergebnisse dieser Entwicklung sind die Gleichstellung von Mann und Frau und die gleichen Bildungschancen für alle zu nennen. Alle jungen Menschen haben heute entsprechend ihren Fähigkeiten Zugang zu den Ausbildungsstätten bis hin zu den Universitäten. Ein neues Eherecht stellt Mann und Frau hinsichtlich Rechte und Pflichten auf die gleiche Stufe usw.

Diese gesellschaftlichen Veränderungen beeinflussten natürlich auch die familiären Strukturen. Noch vor dreissig oder vierzig Jahren sprachen Politiker (Männer) gerne von der «intakten» Familie als Keimzelle unseres Staates. Der Mann als «Ernährer» hatte in Familie, Wirtschaft und Gesellschaft das Sagen und unsere damals noch einflussreichen Landeskirchen stützten diese konservative Sicht und forderten eine entsprechende Lebensführung von ihren «Schäfchen». Heute ist dieses Gesellschaftsbild nur noch eine Wunschblase von einigen «Ewiggestrigen».

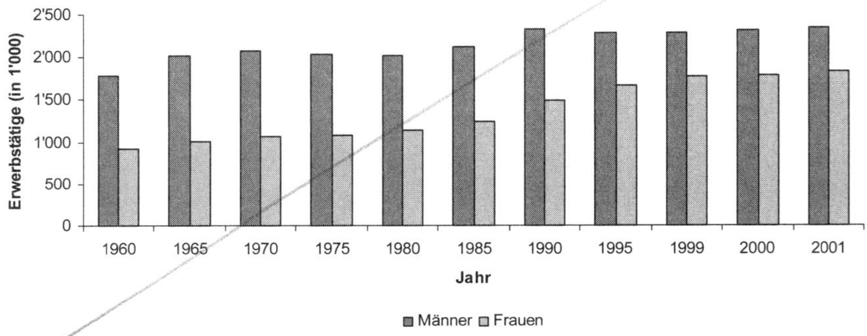


**Abbildung 3:** Erwerbstätige Frauen und Männer 1960–2001
Quelle: Bundesamt für Statistik

Irreversible Prozesse brachten uns eine neue Gesellschaft. Die Abbildung 3 zeigt auf, dass immer mehr Frauen berufstätig sind und es auch bis zur Pensionierung bleiben, z.T. mit einer «Kinderpause». Wir nähern uns, wenn auch immer noch zu langsam, der Idealsituation, in der Familie und Beruf sich weder für den Mann noch für die Frau ausschliessen.

Wir haben aber auch sehr viele Ehescheidungen zu verzeichnen (Abb. 4), die zu neuen Familienformen führten. Allein erziehende Mütter, gelegentlich auch allein erziehende Väter und Patchworkfamilien ersetzen immer mehr die traditionellen Familien.

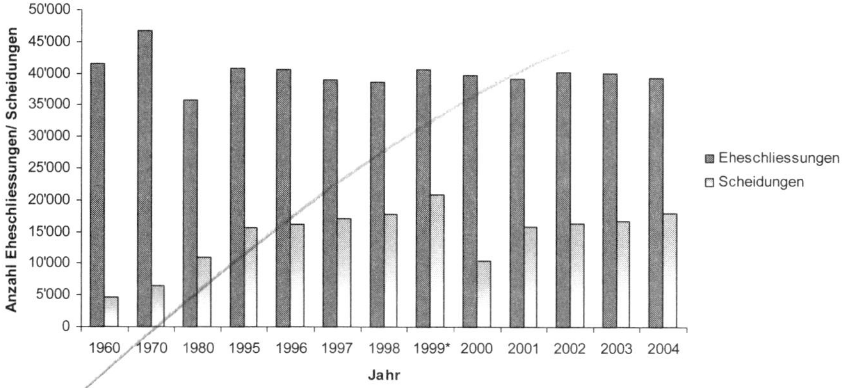


**Abbildung 4:** Eheschliessungen und Scheidungen 1960–2004
Quelle: Bundesamt für Statistik

* Die Entwicklung der Scheidungen nach 1998 (starke Zunahme 1999, starke Abnahme 2000) steht im Zusammenhang mit dem neuen Scheidungsrecht, das am 1. Januar 2000 in Kraft getreten ist. Einerseits haben die Gerichte 1999 überdurchschnittlich viele Scheidungsverfahren abgeschlossen, um sich im Jahr 2000 möglichst ausschliesslich auf die neue Rechtslage einstellen zu können. Andrerseits hat die Umstellung auf das neue Scheidungsrecht vorerst zu einer Verlängerung der Prozessdauer geführt und damit zu einem Rückgang der Urteile.

Diesen tief greifenden wirtschaftlichen und gesellschaftlichen Veränderungen, verbunden mit neuen sozialpolitischen Herausforderungen, standen die politischen Behörden lange tatenlos gegenüber. Auch heute wird man gelegentlich den Eindruck nicht los, dass die politischen Verantwortungsträger lieber die Probleme schönreden, als wirksame Massnahmen zu ergreifen.

Die Arbeitsplatzentwicklung (Abb. 1) zeigt deutlich, dass die Wirtschaft immer weniger Arbeitsplätze für schwach qualifizierte Berufsleute zur Verfügung stellen kann. Es ist allerdings sattsam bekannt, dass es immer einen gewissen Prozentsatz an Menschen geben wird, die über unterdurchschnittliche intellektuelle Fähigkeiten verfügen, dafür aber einsatzwillig und handwerklich und manuell einsatzfähig sind. Auch die besten Bildungsoffensiven können diesen Menschen selten beruflich weiterhelfen. Zu starker beruflicher Leistungsdruck, gepaart mit zunehmender Existenzangst, machen diese Menschen sehr oft krank und letztlich arbeitsunfähig. Aber auch geistig und körperlich behinderte Mitmenschen, die nach Möglichkeit in die Arbeitswelt integriert werden sollten, finden immer weniger passende Arbeitsplätze in der freien Wirtschaft. Diese muss sich stärker im globalisierten Wettbewerb behaupten und kann allein solche Arbeitsplätze nicht in genügender Zahl zur Verfügung stellen. Das Resultat ist eine massive Zunahme der Invaliditätsfälle (Abb. 5).

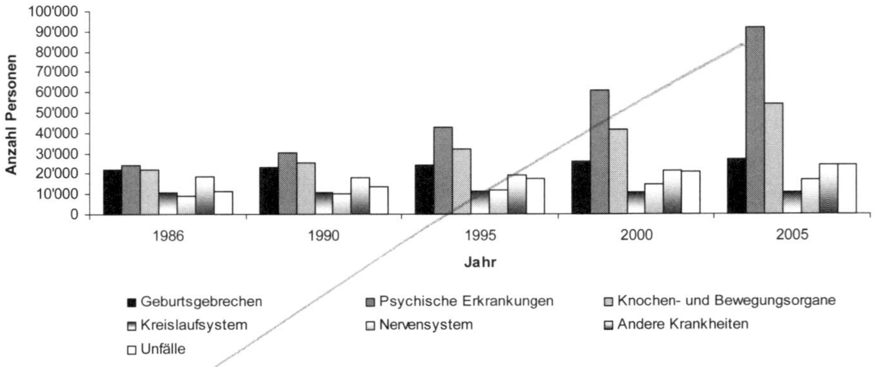


**Abbildung 5:** Berentungen der IV 1986, 1990, 1995, 2000 und 2005
Quelle: Bundesamt für Sozialversicherung

Abhilfe kann hier nur geschaffen werden, wenn der Staat unterstützend eingreift um für diese Menschen gezielt Arbeitsplätze zu schaffen. Es braucht dazu aber ein Abrücken vom rein wirtschaftlichen Kosten-Nutzen-Denken. Gefragt sind eine vorurteilslose Erfassung der Fähigkeiten dieser Menschen und ein breit gefächertes Angebot von entsprechenden Arbeitsplätzen, die längerfristig für unsere Gesellschaft auch sehr nützlich sein könnten.

Stichwortartig sei dazu Folgendes aufgeführt: ergänzende Betreuung alter, kranker und behinderter Mitmenschen, einfachere Ordnungsdienste, die nicht von der Polizei wahrgenommen werden können, Reinigungs- und Pflegearbeiten öffentlicher Plätze und Anlagen usw.

Handlungsbedarf ist gegeben, um Familie und Beruf für Väter und Mütter besser vereinbar zu machen. Es fehlen immer noch sehr viele ausserfamiliäre Kinderbetreuungsplätze, Ganztagesschulen, Kinderkrippen, mehrjährige Kindergärten usw.

Dieser Mangel führte, zusammen mit den relativ tiefen Ansätzen für die Familien- und Kinderzulagen, dazu, dass das Kinderhaben für viele Paare immer mehr zu einem Armutsrisiko wurde. Entsprechend sank in der Schweiz die Geburtenrate stetig ab (Abb. 6).

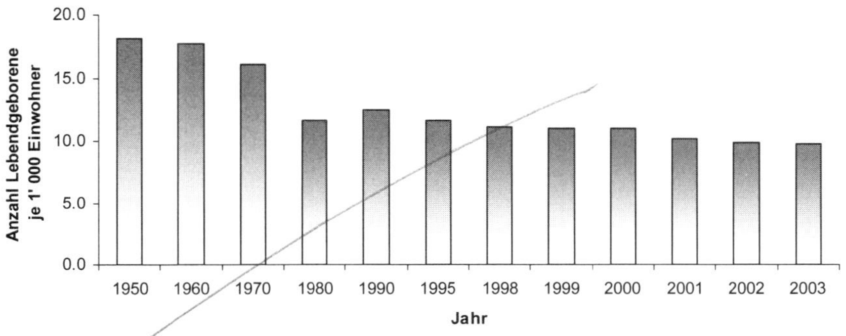


**Abbildung 6:** Anzahl Lebendgeborene je 1000 Einwohner
Quelle: Bundesamt für Statistik

So traten wir mit einer Gesellschaft ins 21. Jahrhundert, die sich einerseits über eine steigende Lebenserwartung freuen darf, andrerseits aber mit wachsender Sorge auf eine sinkende Geburtenrate blicken muss. Das Resultat dieser Entwicklung ist eindrücklich. Innerhalb des letzten Jahrhunderts hat sich der Anteil der Senioren (65-jährig und älter) mehr als verdoppelt.

Bald jede sechste Person in der Schweiz war zu Beginn des 21. Jahrhunderts über 65-jährig. In Abbildung 7 ist diese Entwicklung dargestellt. Der Altersquotient (Rentner und Rentnerinnen im Verhältnis zur aktiven Bevölkerung) und der Jugendquotient (Jugendliche im Verhältnis zur aktiven Bevölkerung) stellen zusammen mit den tief greifenden Veränderungen in der Arbeitswelt eine grosse Herausforderung an den Sozialstaat des 21. Jahrhunderts dar. Gefragt ist deshalb ein starker Reformwillen bei den politischen Entscheidungsträgern unseres Landes.

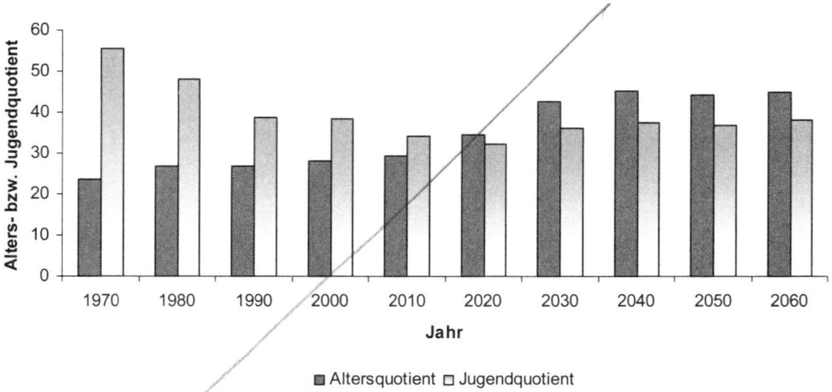


**Abbildung 7:** Alters- und Jugendquotient 1970–2060
Quelle: Bundesamt für Sozialversicherung

## 1.3 Analyse und Vorschläge des Bundesrates

Die wirtschaftlichen und gesellschaftlichen Veränderungen einerseits und die Kritik von verschiedenen Kreisen am bestehenden Sozialsystem andrerseits bewogen den Bundesrat dieses einer gründlichen Analyse zu unterziehen und Massnahmen vorzuschlagen, damit die Schweiz auch im 21. Jahrhundert über eine gute soziale Sicherheit verfügt.

Zur Überprüfung der Finanzierbarkeit der bisherigen Leistungen der Sozialversicherungen beauftragte er im Jahre 1994 das Eidg. Departement des Innern, in Zusammenarbeit mit dem Eidg. Finanzdepartement und dem Eidg. Volkswirtschaftsdepartement sowie unter Einbezug der Kantone eine interdepartementale Arbeitsgruppe «Finanzierungsperspektiven der Sozialversicherungen (IDA FiSo)» einzusetzen. Der Auftrag an diese Arbeitsgruppe bestand – neben der Analyse des Ist-Zustandes – namentlich darin, mögliche Lösungswege für die mittel- und langfristige Finanzierung aller Sozialversicherungszweige aufzuzeigen; die Leistungsseite sollte nur in Ausnahmefällen Gegenstand der Überprüfung sein. Bei der Auftragserteilung im Jahre 1994 wurde der mittelfristige Zeithorizont auf das Jahr 2010 und der langfristige auf das Jahr 2025 festgelegt.

Grundsätzlich ging man in der Arbeitsgruppe von einer auch langfristig einigermassen gesicherten demografischen Entwicklung aus. Für die Parameter «Wirtschaftswachstum», «Reallohnwachstum», «Erwerbsquoten von Mann und Frau» wurde mit Alternativszenarien gearbeitet.

Die IDA FiSo kam in ihrem Bericht vom Juni 1996 zum Schluss, dass bis im Jahre 2010 resp. 2025 mit bedeutenden finanziellen Mehrbelastungen in den Versicherungszweigen der Altersvorsorge, der Invalidenversicherung und Krankenversicherung zu rechnen sei. Dieses Bild ändere sich in der Tendenz nicht, auch wenn verschiedene Alternativszenarien unterstellt würden. Die Arbeitslosenversicherung dagegen reagiere sehr sensibel auf die wirtschaftliche Entwicklung.

Als Finanzierungsalternativen wurden die Lohnprozente und die Mehrwertsteuer in den Vordergrund gerückt, die Energiebesteuerung wurde als ergänzende Finanzierungsquelle in Betracht gezogen.

Nach Kenntnisnahme des Berichtes beauftragte der Bundesrat das Eidg. Departement des Innern und die andern Institutionen, die am Bericht mitwirkten, alternative Szenarien für die gegebenenfalls verbindliche Festlegung eines Finanzierungsrahmens und allfälliger Anpassungen auf der Leistungsseite zu erarbeiten.

In diesem neuen Auftrag legte der Bundesrat auch fest, welche Leistungsparameter einzubeziehen waren und bei welchen Leistungen finanzielle Mehrbelastungen zulässig und bei welchen finanzielle Minderbelastungen vorzusehen seien. Gesamthaft solle von den drei Szenarien «Status quo», «Gezielter Abbau» und «Gezielter Ausbau» ausgegangen werden.

Im ersten Bericht der IDA FiSo wurde errechnet, dass beim Status quo, also Beibehaltung aller Leistungen und deren periodischer Anpassung, nach geltendem Recht, im Jahre 2010 ein finanzieller Mehrbedarf von jährlich CHF 15,3 Mrd. resultieren würde. Um diesen zu decken, müsste man z. B. die Mehrwertsteuer um 6,8 Prozent anheben (Mehrwertsteueräquivalente).

Die Vorgaben des Bundesrates an die Arbeitsgruppe sind in Tabelle 1 aufgelistet. So sollten beim gezielten Abbau jährlich Einsparungen von CHF 6,3 Mrd. resultieren und beim gezielten Ausbau sollten zusätzlich jährlich CHF 2,7 Mrd. eingesetzt werden.

| Leistungsszenario | Finanzierungsrahmen ( = finanzieller Mehrbedarf im Jahr 2010) | |
|---|---|---|
| | (in MWSt-Prozenten) | (in Mrd. CHF) |
| Status quo | + 6,8 | + 15,3 |
| Gezielter Abbau | + 4,0 | + 9,0 |
| Gezielter Ausbau | + 8,0 | + 18,0 |

**Tabelle 1:** Leistungsszenarien und deren Finanzierungsrahmen
Quelle: Bundesamt für Sozialversicherung

Im Dezember 1997 legte die Arbeitsgruppe den Bericht IDA FiSo 2 vor, der als umfassende Auslegeordnung dem Bundesrat die notwendigen Entscheidungsgrundlagen für die künftige Ausgestaltung der Sozialversicherungen und auch der ergänzenden Bedarfsleistungen lieferte.

Der Bundesrat beschloss daraufhin an unserem bewährten System der sozialen Sicherheit festzuhalten, die wichtigen Sozialversicherungswerke aber so zu revidieren, dass sie den wirtschaftlichen und gesellschaftlichen Veränderungen Rechnung tragen. Er entschied sich im Wesentlichen für das Leistungsszenario «Status quo» und bekräftigte gleichzeitig, dass er auf Bundesebene auch künftig das Versicherungsprinzip (Anspruch auf Versicherungsleistungen aufgrund von Beiträgen) gegenüber dem Bedarfsleistungsprinzip (Leistungen werden nur nach Bedarf ausgerichtet) priorisieren werde. Basierend auf diesen Entscheiden leitete er die Revisionen der verschiedenen Sozialversicherungen ein, die zum Teil abgeschlossen und zum Teil noch im Gange sind. Allerdings ist dabei zu bemerken, dass es sich immer nur um Etappen handeln kann. Wirtschaftliche und gesellschaftliche Veränderungen setzen sich fort und erfordern auch künftig weitere Anpassungen bei den Sozialversicherungen.

Das im 20. Jahrhundert aufgebaute soziale Netz soll somit nach dem Willen des Bundesrates auch im 21. Jahrhundert bestehen bleiben. Noch bestehende und durch die wirtschaftlichen und gesellschaftlichen Veränderungen neu entstandene Lücken sollen schrittweise geschlossen werden. Dies aber immer nach Massgabe der verfügbaren Mittel. Über den Stand der jeweiligen Revisionen wird in den nachfolgenden Kapiteln, in denen die einzelnen Sozialversicherungen beschrieben werden, näher eingegangen.

## 1.4 Die Sozialziele in der Bundesverfassung

Am 1. Januar 2000 wurde die neue Bundesverfassung in Kraft gesetzt. An sich brachte diese keine grundlegenden Änderungen gegenüber der alten Verfassung, lautete doch der Auftrag, formuliert im Bundesbeschluss von 1987, klar und unmissverständlich, es gelte «das geltende geschriebene und ungeschriebene Verfassungsrecht nachzuführen und verständlich darzustellen».

Bei der Neuschaffung der Bundesverfassung fielen also materielle Änderungen ausser Betracht, denn man hielt solche mit Blick auf den vorherrschenden Zeitgeist für politisch nicht realisierbar. Es ging ausschliesslich darum, den aktuellen Stand des Verfassungsrechts klarer zum Ausdruck zu bringen, insbesondere auch durch den Einbezug des ungeschriebenen Rechts sowie neuer internationaler Abkommen. Ganz eindeutig ist dadurch der soziale Charakter unseres Staates viel deutlicher zur Geltung gekommen. Es ist sicher nicht bedeutungslos, dass ein Abschnitt unter dem Titel «Wohnen, Arbeit, soziale Sicherheit» geschaffen wurde. In der alten Verfassung waren insbesondere die Bestimmungen über die Sozialversicherungen und über weitere soziale Massnahmen unsystematisch verstreut.

Völlig neu sind die nachfolgend aufgeführten Art. 8 «Rechtsgleichheit» und Art. 41 «Sozialziele», mit denen der Charakter des sozialen Rechtsstaates, der sich im Laufe des 20. Jahrhunderts entwickelt und gefestigt hat, eindrücklich und klar hervorgehoben wird.

*Art. 8 Rechtsgleichheit*

*1 Alle Menschen sind vor dem Gesetz gleich.*

*2 Niemand darf diskriminiert werden, namentlich nicht wegen der Herkunft, der Rasse, des Geschlechts, des Alters, der Sprache, der sozialen Stellung, der Lebensform, der religiösen, weltanschaulichen oder politischen Überzeugung oder wegen einer körperlichen, geistigen oder psychischen Behinderung.*

*3 Mann und Frau sind gleichberechtigt. Das Gesetz sorgt für ihre rechtliche und tatsächliche Gleichstellung, vor allem in Familie, Ausbildung und Arbeit. Mann und Frau haben Anspruch auf gleichen Lohn für gleichwertige Arbeit.*

*4 Das Gesetz sieht Massnahmen zur Beseitigung von Benachteiligungen von Behinderten vor.»*

*«Art. 41 Sozialziele*

*Bund und Kantone setzen sich in Ergänzung zur persönlichen Verantwortung und privater Initiative dafür ein, dass:*
*a. jede Person an der sozialen Sicherheit teilhat;*
*b. jede Person die für ihre Gesundheit notwendige Pflege erhält;*
*c. Familien als Gemeinschaften von Erwachsenen und Kindern geschützt und gefördert werden;*
*d. Erwerbsfähige ihren Lebensunterhalt durch Arbeit zu angemessenen Bedingungen bestreiten können;*
*e. Wohnungssuchende für sich und ihre Familie eine angemessene Wohnung zu tragbaren Bedingungen finden können;*
*f. Kinder und Jugendliche sowie Personen im erwerbsfähigen Alter sich nach ihren Fähigkeiten bilden, aus- und weiterbilden können;*
*g. Kinder und Jugendliche in ihrer Entwicklung zu selbstständigen und sozial verantwortlichen Personen gefördert und in ihrer sozialen, kulturellen und politischen Integration unterstützt werden.*

*2 Bund und Kantone setzen sich dafür ein, dass jede Person gegen die wirtschaftlichen Folgen von Alter, Invalidität, Krankheit, Unfall, Arbeitslosigkeit, Mutterschaft, Verwaisung und Verwitwung gesichert ist.*

*3 Sie streben die Sozialziele im Rahmen ihrer verfassungsmässigen Zuständigkeiten und ihrer verfügbaren Mittel an.*

*4 Aus den Sozialzielen können keine unmittelbaren Ansprüche auf staatliche Leistungen abgeleitet werden.»*

Während Art. 8 unter anderem ein klares und umfassendes Diskriminierungsverbot und die Gleichstellung von Mann und Frau in Familie, Ausbildung und Arbeit festlegt, werden in Art. 41 soziale Gerechtigkeit und soziale Sicherheit als fundamentale Prinzipien für ein menschenwürdiges Dasein der gesamten Bevölkerung konkretisiert.

In Absatz 1 von Art. 41 sind sieben Hauptpostulate aufgeführt, die die Reichhaltigkeit und den Umfang der Aufgaben des modernen Sozialstaates aufzeigen. Sie umfassen die wichtigsten Massnahmen, die im Hinblick auf soziale Sicherheit und Gerechtigkeit zu treffen sind.

Diese Ziele sind in Ergänzung zur persönlichen Verantwortung und der privaten Initiative, also subsidiär anzustreben. Im Vordergrund steht die Eigenverantwortung.

Nach Buchstabe a soll die soziale Sicherheit ausdrücklich und ausnahmslos für die gesamte Bevölkerung gewährleistet werden. Somit dürfen weder Landesteile noch Bevölkerungsgruppen ausgeschlossen werden. Auch eine Beschränkung auf Schweizer Bürger ist also unzulässig. Von besonderer Bedeutung ist auch, dass diese Formulierung die klassische Arbeiter-Versicherung, wie sie von Reichskanzler Bismarck im 19. Jahrhundert konzipiert wurde, ausschliesst. Massgebend soll die Konzeption der allgemeinen Volksversicherung nach Lord Beveridge sein.

Buchstabe b präzisiert den Anspruch auf eine umfassende Gesundheitspflege für alle. Eine Rationierung von medizinischen Leistungen im Rahmen der obligatorischen und sozialen Krankenversicherung ist nicht zulässig.

Buchstabe c bekräftigt die grosse gesellschaftliche und staatspolitische Bedeutung der Familie. Dem Schutz und der Förderung der Familie soll auch künftig ein hoher Stellenwert beigemessen werden. Zu bemerken gilt hier, dass der Begriff «Familie» nicht eng aufgefasst werden darf. Er umfasst alle heutigen Lebensformen von Erwachsenen mit Kindern.

Buchstabe d beinhaltet eine weit gefasste Zielsetzung, denn die Bestimmung betrifft einerseits die Sicherung des Arbeitsplatzes und andrerseits den angemessenen Arbeitslohn, d.h. eine Bezahlung, die den Lebensunterhalt gewährleistet. Es handelt sich hier klar um eine Absage an die Entwicklung hin zu immer mehr so genannten «working poors». Gefordert wird indirekt ein festgelegter Minimallohn, der sich an den Kosten des Lebensunterhalts zu angemessenen Bedingungen orientiert.

Buchstabe e bekräftigt die Notwendigkeit für genügend Wohnraum zu bezahlbaren Bedingungen für alle und insbesondere für die Familien. Das fundamentale Sozialrecht auf eine Wohnung steht hier im Vordergrund.

Buchstabe f strebt die Chancengerechtigkeit an. Bildung, Aus- und Weiterbildung sind allgemein anerkannte Menschenrechte. Sie sind entscheidend für das Wohlergehen des Individuums wie für die Entfaltung der Persönlichkeit. Deshalb dürfen sie nicht nur den Kindern begüterter Kreise, sondern sollen der gesamten Bevölkerung offen stehen. Alle Kinder und Jugendlichen und alle Personen im erwerbsfähigen Alter sollen sich entsprechend ihren Fähigkeiten bilden und weiterbilden können. Nicht, was die Wirtschaft im Moment an Arbeitskräften benötigt, soll bestimmen, welchen Beruf junge Leute wählen sollen, ausschlaggebend müssen die persönlichen Fähigkeiten sein.

Buchstabe g steht im engen Zusammenhang mit der vorangehenden Zielsetzung. Im Rahmen der Bildung sind vor allem auch die Selbständigkeit, die soziale Verantwortung und die gesellschaftliche Integration zu fördern. Durch eine zweite, zusätzliche Formulierung wird die besondere Bedeutung der sozialen Anstrengungen zugunsten der jungen Generation hervorgehoben.

In unserem Lande lebt eine grosse Zahl von Einwanderern aus verschiedenen Kulturen. Die soziale, kulturelle und politische Integration, insbesondere der zweiten Generation, muss angestrebt werden. Die Kinder der Immigranten sind auf das Leben in unserer Gesellschaft vorzubereiten. Diese Aufgabe stellt hohe Anforderungen, weil die Jugendlichen in und zwischen zwei Kulturen aufwachsen.

Während in Art. 41 Abs. 1 diese Sozialziele in Ergänzung der Eigenverantwortung anzustreben sind, gilt der subsidiäre Charakter nicht für Abs. 2, der Bund und Kantone für zuständig und verantwortlich erklärt, Massnahmen gegen die wirtschaftlichen Folgen der wichtigsten Lebensrisiken zu ergreifen. Es sind dies die traditionellen Aufgabengebiete der Sozialversicherungen.

In Abs. 3 wird dem Umstand Rechnung getragen, dass die meisten Sozialmassnahmen erhebliche Kosten verursachen. Sie müssen aus den Budgets des Bundes und der Kantone finanziert werden. Diese sind abhängig vom Ertrag der Volkswirtschaft. Die wirtschaftliche Entwicklung hat somit einen entscheidenden Einfluss auf die Sozialpolitik. Bei wachsendem Volkseinkommen lassen sich grosszügigere Massnahmen realisieren, in Zeiten wirtschaftlicher Rezession oder gar in Krisenzeiten muss zwangsläufig mit bescheideneren Regelungen vorlieb genommen werden. In Abs. 3 wird darum ausdrücklich hervorgehoben, dass die Sozialziele im Rahmen der verfügbaren Mittel anzustreben seien. Dies bedeutet keinesfalls, dass sie primär Sparmassnahmen zum Opfer fallen sollen. Im Gegenteil, da es sich um wichtige, durch die Verfassung festgelegte Ziele handelt, ist ihre Finanzierung möglichst zu gewährleisten. Da die Parlamente die Budgethoheit besitzen, ist es dabei allerdings nicht unbedeutend, wie dort die politischen Kräfteverhältnisse aussehen.

Auch wenn in der Schweiz neoliberale Kreise immer lautstärker erklären, der Sozialstaat sei nicht mehr finanzierbar, zeigt ein Ländervergleich innerhalb

Europas, dass die schweizerische Staatsquote relativ niedrig ist (Abb. 8). Allerdings verzeichnet sie eine starke Zunahme, die zu Vorsicht mahnt. Solange aber die Solidarität zwischen Stadt und Land, Armen und Reichen, Jungen und Alten, Kranken und Gesunden mehrheitsfähig bleibt, werden wir unsere Sozialwerke finanzieren können und unseren Sozialstaat auch künftig leistungsfähig behalten und weiterentwickeln.

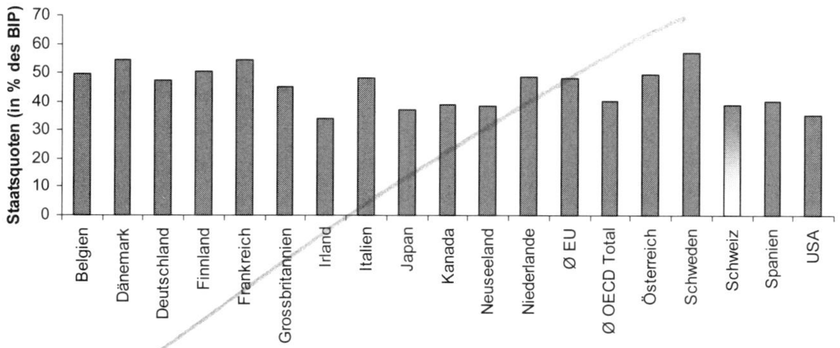


**Abbildung 8:** Internationaler Vergleich der Staatsquoten[1] (in % des BIP) im Jahre 2005
Quelle: Eidgenössische Finanzverwaltung

1 Staatsquote: ein Mass für die Staatstätigkeit in der Volkswirtschaft. Fasst man die Staatsquote weit, so werden die öffentlichen Ausgaben (Sozialausgaben usw.) ins Verhältnis zum Bruttoinlandprodukt (BIP) gesetzt. Man spricht von einer Bruttostaatsquote oder kurz von der Staatsquote.

# 2. Die Alters-, Hinterlassenen- und Invalidenvorsorge

## 2.1 Das Dreisäulenkonzept

Wie in Kapitel 1 ausgeführt, wurde die Verfassungsgrundlage zur Einführung der AHV bereits im Jahre 1925 geschaffen und hatte nachfolgenden Inhalt:

*«Art. 34$^{quater}$*

*1 Der Bund wird auf dem Wege der Gesetzgebung die Alters- und Hinterlassenenversicherung einrichten; er ist befugt, auf einen späteren Zeitpunkt auch die Invalidenversicherung einzuführen.*

*2 Er kann die Versicherung allgemein oder für einzelne Bevölkerungsklassen obligatorisch erklären.*

*3 Die Durchführung erfolgt unter der Mitwirkung der Kantone; es können öffentliche und private Versicherungskassen beigezogen werden.*

*4 Die beiden ersten Versicherungszweige sind gleichzeitig einzurichten.*

*5 Die finanziellen Leistungen des Bundes und der Kantone dürfen sich zusammen auf nicht mehr als die Hälfte des Gesamtbedarfs der Versicherung belaufen.*

*6 Vom 1. Januar 1926 an leistet der Bund einen Beitrag in der Höhe der gesamten Einnahmen der fiskalischen Belastung des Tabaks an die Alters- und Hinterlassenenversicherung.*

*7 Der Anteil des Bundes an den Reineinnahmen aus einer künftigen fiskalischen Belastung gebrannter Wasser wird für die Alters- und Hinterlassenenversicherung verwendet.»*

Die ersten Renten, die mit der Schaffung der AHV im Jahre 1948 ausbezahlt wurden, waren äusserst bescheiden (siehe Kapitel 2.1.1) was insbesondere bei den Gewerkschaften und der politischen Linken bald zu Kritik führte. Diese Kreise lancierten in den 60er Jahren eine Volksinitiative zur Realisierung einer «echten Volkspension» damit sich die Rentnerinnen und Rentner zumindest einen bescheidenen Lebensstandard leisten können. Verlangt wurde eine massive Erhöhung der Renten der AHV.

Bundesrat und Parlament erarbeiteten einen Gegenvorschlag, der vorsah, die Altersvorsorge auf drei Säulen abzustützen. Die AHV sollte als erste Säule die Existenz sichern, die berufliche Vorsorge als zweite Säule sollte es den Rentnerinnen und Rentnern ermöglichen, den gewohnten Lebensstandard auch im Alter weiterzuführen und das steuerprivilegierte Sparen mit der dritten Säule würde dann noch weiter gehende Bedürfnisse abdecken. Der Bundesrat schlug vor, dass künftig bis zu einem bestimmten Einkommen (im Jahre2006 ca. CHF 75'000) die AHV und die berufliche Vorsorge zusammen mindestens 60% des letzten Lohnes als Rente ergeben.

Volk und Stände stimmten dem neuen Verfassungsartikel $34^{quater}$ im Jahre 1972 mit einer deutlichen Mehrheit zu. Alle Kantone waren dafür und das Volk sagte mit 74% ja.

Mit dem nachfolgend aufgeführten Artikel $34^{quater}$ war somit die Verfassungsgrundlage für das Dreisäulenkonzept der Altersvorsorge geschaffen.

*«Art. $34^{quater}$ (neue Verfassung Art. 111)*

*1 Der Bund trifft Massnahmen für eine ausreichende Alters-, Hinterlassenen- und Invalidenvorsorge. Diese beruht auf drei Säulen, nämlich der eidgenössischen Alters-, Hinterlassenen- und Invalidenversicherung, der beruflichen Vorsorge und der Selbstvorsorge.*

*2 Der Bund sorgt dafür, dass die eidgenössische Alters-, Hinterlassenen- und Invalidenversicherung sowie die berufliche Vorsorge ihren Zweck dauernd erfüllen können.*

*3 Er kann die Kantone verpflichten, Einrichtungen der eidgenössischen Alters-, Hinterlassenen- und Invalidenversicherung sowie der beruflichen Vorsorge von der Steuerpflicht zu befreien und den Versicherten und ihren Arbeitgeberinnen und Arbeitgebern auf Beiträgen und anwartschaftlichen Ansprüchen Steuererleichterungen zu gewähren.*

*4 Er fördert in Zusammenarbeit mit den Kantonen die Selbstvorsorge namentlich durch Massnahmen der Steuer- und Eigentumspolitik.»*

Sollte ursprünglich nach dem Willen des Bundesrates das Ausführungsgesetz zur beruflichen Vorsorge im Jahre 1975 in Kraft treten, benötigten insbesondere die parlamentarischen Beratungen so viel Zeit, dass mit dem Start erst zehn Jahre später, also 1985 begonnen werden konnte. Ebenfalls die Ausführungsbestimmungen für die dritte Säule wurden Mitte der 80er Jahre in Kraft gesetzt. Seither gilt in der Schweiz das Dreisäulenkonzept. In der Abbildung 9 sind die Leistungsanteile der drei Säulen zur Altersvorsorge dargestellt.

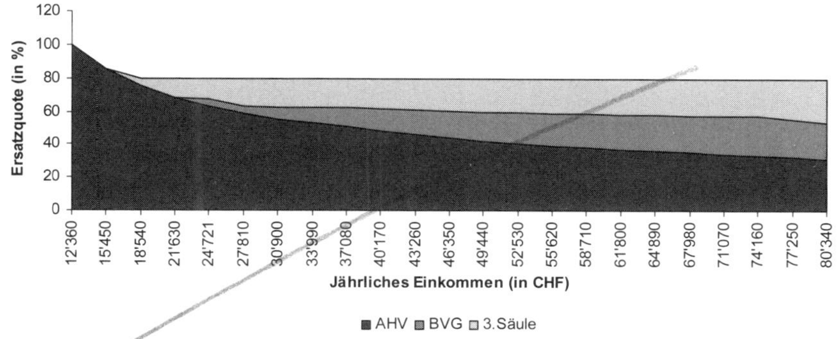


**Abbildung 9 :** Das Dreisäulenkonzept[2]
Quelle: Bundesamt für Statistik

Vielfach wird in der Literatur das Dreisäulenkonzept mit drei gleich grossen tragenden Säulen dargestellt (Abb. 10).

[2] Erläuterungen: Die Minimalrente der AHV beträgt monatlich CHF 1055 (Stand 2004, vor Inkrafttreten der 1. BVG-Revision). Bei einem letzten Jahreseinkommen von CHF 12'660 ist die Ersatzquote, Einkommen zu Rente 100 Prozent. Ab einem jährlichen Einkommen von CHF 25'320 ist die 2. Säule obligatorisch und wirkt rentenbildend. Bis zu einem Jahreseinkommen von CHF 75'960 wird mit der AHV und der obligatorischen 2. Säule die Ersatzquote von 60 Prozent des letzten Einkommens nicht unterschritten. Bei CHF 75'960 des letzten Jahreseinkommens vor der Pensionierung und bei einem «normalen» Einkommensverlauf ohne Beitragslücken wird in der AHV auch die Maximalrente von heute CHF 2110 monatlich erreicht. Der überobligatorische Teil der 2. Säule und die 3. Säule führen zu zusätzlichen Rentenbeträgen und bilden den freiwilligen Versicherungsteil.

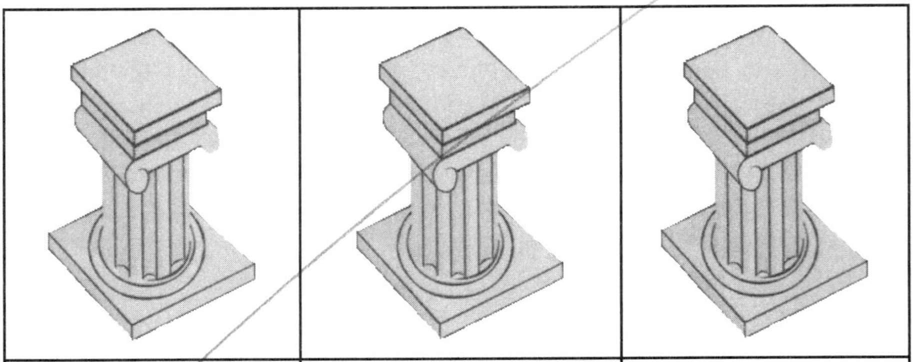

| | | |
|---|---|---|
| Alters- und Hinterlassenenver-sicherung (AHV) | Berufliche Vorsorge (BV) | Selbstvorsorge |

**Abbildung 10 :** Übliche, nicht korrekte Darstellung des Dreisäulenkonzeptes
Quelle: Bundesamt für Sozialversicherung

Diese Darstellung ist nicht korrekt. Vom Grundkonzept her bildet die AHV als umfassende Volksversicherung das Fundament der Altersvorsorge und sollte eigentlich allen Rentnerinnen und Rentnern die Existenzsicherung garantieren. Darauf aufbauend kommen die Leistungen der beruflichen Vorsorge, die den gewohnten Lebensstandard auch im Alter ermöglichen sollten, auf die aber nicht alle Rentnerinnen und Rentner Anrecht haben. Zu allerletzt addieren sich noch Leistungen aus dem steuerprivilegierten persönlichen Sparen, was auch nur einem Teil der Bevölkerung möglich ist. Die korrekte Darstellung des Dreisäulenkonzeptes ist in Abbildung 11 ersichtlich.

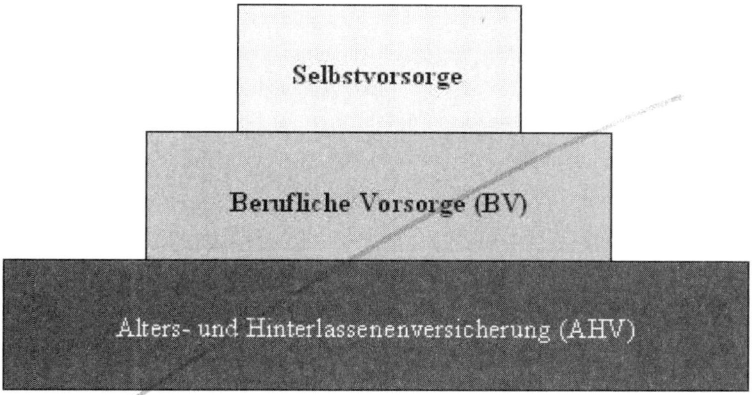


**Abbildung 11 :** Korrekte Darstellung des Dreisäulenkonzeptes
Quelle: Eigene Darstellung

In den nachfolgenden Abschnitten werden die drei Säulen im Detail erläutert.

### *2.1.1 Die Alters- und Hinterlassenenversicherung*

#### Von den Anfängen bis zur heutigen Lösung

Auf den 1. Januar 2005 trat der letzte Revisionspunkt der 10. AHV-Revision aus dem Jahre 1997 in Kraft. Das Frauenrentenalter wurde auf 64 Jahre angehoben. Bevor auf das heute geltende System eingegangen wird, sollen hier die wichtigsten Meilensteine seit 1948 aufgeführt werden. Natürlich wird der heute gültige Verfassungsartikel 112 an den Anfang gestellt, der die wichtigsten Grundsätze der AHV festlegt, die für die Gesetzgebung verbindlich sind.

*« Art. 112 Alters-, Hinterlassenen- und Invalidenversicherung*

*1 Der Bund erlässt Vorschriften über die Alters-, Hinterlassenen- und Invalidenversicherung.*
*2 Er beachtet dabei folgende Grundsätze:*

- *a. Die Versicherung ist obligatorisch.*
- *b. Die Renten haben den Existenzbedarf angemessen zu decken.*
- *c. Die Höchstrente beträgt maximal das Doppelte der Minimalrente.*
- *d. Die Renten werden mindestens der Preisentwicklung angepasst.*

*3 Die Versicherung wird finanziert:*

- *a. durch Beiträge der Versicherten, wobei die Arbeitgeberinnen und Arbeitgeber für ihre Arbeitnehmerinnen und Arbeitnehmer die Hälfte der Beiträge bezahlen;*
- *b. durch Leistungen des Bundes und, wenn das Gesetz es vorsieht, der Kantone.*

*4 Die Leistungen des Bundes und der Kantone betragen zusammen höchstens die Hälfte der Ausgaben.*

*5 Die Leistungen des Bundes werden in erster Linie aus dem Reinertrag der Tabaksteuer, der Steuer auf gebrannten Wassern und der Abgabe aus dem Betrieb von Spielbanken gedeckt.*

*6 Der Bund fördert die Eingliederung Invalider und unterstützt Bestrebungen zugunsten Betagter, Hinterlassener und Invalider. Für diesen Zweck kann er Mittel aus der Alters-, Hinterlassenen- und Invalidenversicherung verwenden.»*

Aus dem Text ist ersichtlich, dass mit diesem Artikel auch die Verfassungsgrundlage für die Invalidenversicherung geschaffen wurde, auf die in Kapitel 2.1.2 eingegangen wird.

Bundesrat und Parlament haben bei der Schaffung der ersten Gesetzesgrundlage eine eigenständige Lösung gewählt, die allerdings Elemente vom Bismarckmodell wie auch vom Beveridgeplan enthielt. Sie wollten etwas Eigenständiges schaffen, und dies ist ihnen zweifellos gelungen. Wie aus den nachfolgenden Ausführungen ersichtlich ist, hat diese Lösung bis heute Bestand gehabt. Nachfolgend einige wichtige Gesetzesbestimmungen, die 1948 eingeführt wurden:

Versichert sind alle, Erwerbstätige und Nichterwerbstätige, Erwachsene und Kinder. Unabhängig von einer bestehenden Beitragspflicht können sie leistungsberechtigt werden.

Wer erwerbstätig ist, zahlt auf seinem ganzen Erwerbseinkommen seinen Beitrag an die erste Säule AHV, auch wenn das durchschnittliche Einkommen das Mehrfache dessen beträgt, was für die Maximalrente nötig ist.
Die Mindestrente ist garantiert, auch wenn nur bescheidene Beitragsleistungen realisiert wurden.

Die Maximalrente ist begrenzt. Bei der Einführung im Jahre 1948 betrug das Verhältnis zwischen Maximal- und Minimalrente 3,125:1 und seit 1972 sorgt eine Verfassungsbestimmung dafür, dass das Verhältnis nicht grösser sein darf als 2:1.

Als Finanzierungsverfahren gilt das Umlageverfahren mit einem Ausgleichsfonds, der von Gesetzes wegen in der Regel eine Jahresausgabe nicht unterschreiten sollte. Die öffentliche Hand beteiligte sich ab 1948 an der Finanzierung. Heute tragen der Bund rund 17% und die Kantone rund 3% der Ausgaben. Mit der Neugestaltung der Aufgabenteilung zwischen Bund und Kantonen (Verfassungsabstimmung vom Herbst 2004) sollen die Kantone ab ca. 2008 von der Beitragspflicht befreit werden.

Die auf dem Versicherungsprinzip beruhenden Renten werden ohne Rücksicht auf die jeweilige Vermögens- und Einkommenslage ausgerichtet.

Im Jahre 1948 entstand der Rentenanspruch sowohl für Frauen als auch für Männer mit 65 Jahren. Letzteren wurde zu dieser Zeit eine Ehepaarrente ausbezahlt, sobald die Ehefrau das 60. Altersjahr erreicht hatte. Bei der Einführung wurde mit einer ausserordentlichen Übergangsrente gestartet. Die Höhe dieser

Rente hing davon ab, ob man auf dem Lande, in einem halbstädtischen Gebiet oder in einer Stadt lebte. Der monatliche Ansatz für eine einfache Rente lag zwischen CHF 40 und CHF 62,50. Ebenfalls spielten bei der Festsetzung auch noch die Einkommens- und Vermögensverhältnisse eine Rolle, weil die ersten Bezüger einer Rente noch keine Beiträge einbezahlt hatten. In Abbildung 12 ist die Entwicklung der Renten seit Beginn bis 2005 dargestellt.

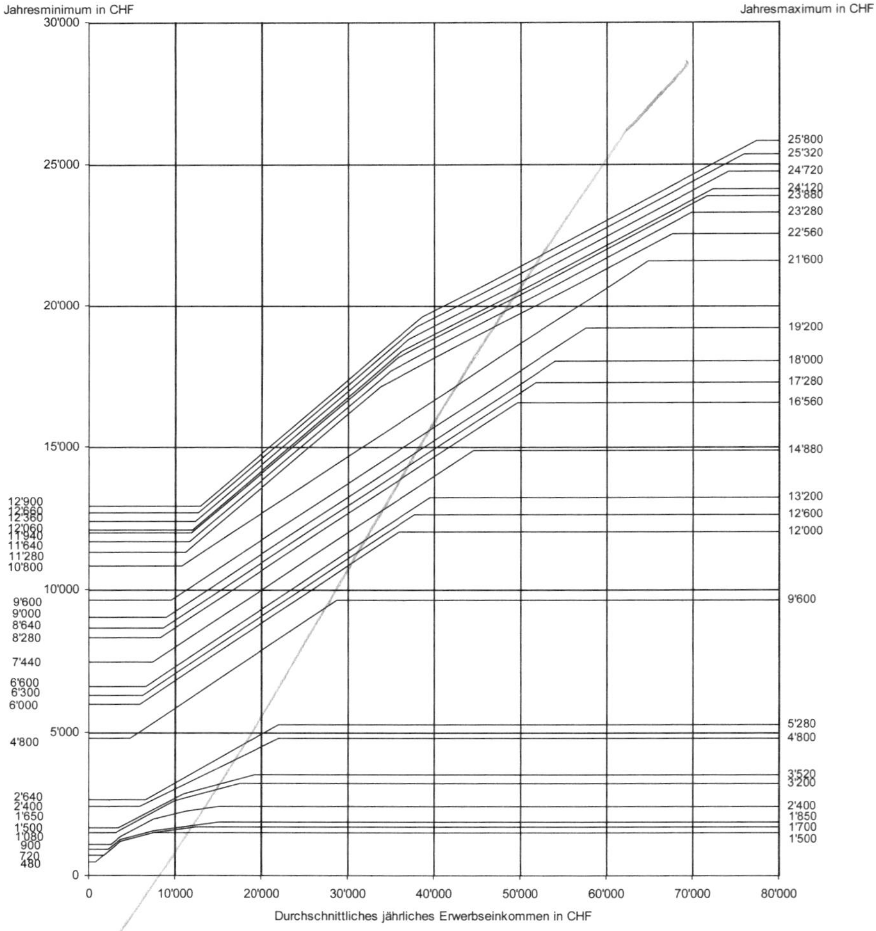


**Abbildung 12:** Entwicklung der Rentenformel 1948–2005 (ordentliche Rente, Jahresbetrag)
Quelle: Bundesamt für Sozialversicherung

Die Rentenverbesserungen wurden einerseits durch periodische Anpassungen an die Teuerung und andrerseits durch Verfassungs- und Gesetzesrevisionen erreicht. Nachfolgend die wichtigsten Neuerungen, die durch diese Revisionen eingeführt wurden:

1954 Erwerbstätige Personen im Rentenalter werden von der Beitragspflicht befreit.

1956 Personen, die 1948 im Rentenalter waren und deshalb keine Beiträge bezahlen konnten, erhalten die Übergangsrenten ohne Rücksicht auf ihre Einkommens- und Vermögensverhältnisse.

1957 Das Rentenalter der Frau wird von 65 auf 63 herabgesetzt.

1960 Die Eidgenössische Invalidenversicherung IV tritt in Kraft. Die IV übernimmt das gleiche Rentensystem wie die AHV (Rentenbeträge, Rentenberechnung).

1964 Das Rentenalter der Frau wird von 63 auf 62 Jahre herabgesetzt. Zwei Rentenarten, die in der IV 1960 eingeführt wurden, werden auch von der AHV übernommen, nämlich die Zusatzrente für die Ehefrau (Mann im Rentenalter, Frau 45- bis 62-jährig) und die Kinderrenten (Vater und/oder Mutter betagt, Kinder noch nicht 18-jährig bzw. im Ausbildungsfalle noch nicht 25-jährig)

1966 Auf diesen Zeitpunkt tritt das Bundesgesetz über Ergänzungsleistungen (ELG) in Kraft, welches gesamtschweizerisch allen betagten, verwitweten und invaliden Personen, welche eine Rente der AHV oder der IV beziehen, im Bedarfsfall ergänzende Leistungen zur Rente ausrichten (siehe auch Kapitel 9).

1969 Einführung des Aufschubs des Rentenbezugs bis maximal 5 Jahre mit dem Anrecht auf einen versicherungstechnisch korrekten höheren Rentenanspruch.
Einführung der Hilflosenentschädigung für Personen im Rentenalter mit

schwerer Hilflosigkeit.
Erhöhung der AHV-Beiträge für Unselbstständigerwerbende von 4% auf 5,2%. Den Selbstständigerwerbenden wird neu ein reduzierter Beitragssatz zugestanden.

1972 Das Dreisäulenkonzept wird in der Verfassung verankert.
Ebenfalls in der Verfassung wurde deklariert, dass die 1. Säule den Existenzbedarf angemessen decken solle, und die Ergänzungsleistungen werden in die Übergangsbestimmungen der Verfassung aufgenommen, dies in der Meinung, dass sie nur vorübergehend nötig seien, weil ja die erste Säule den Existenzbedarf einmal angemessen decken soll.

1973 Die 8. AHV-Revision bringt betragsmässig den grössten Ausbauschritt von allen Revisionen. Innerhalb von 4 Jahren wurden die Renten verdoppelt (siehe auch Abb. 12).

Ebenfalls frauenspezifische Anliegen werden mit dieser Revision erstmals zaghaft verwirklicht, nämlich die getrennte Auszahlung der halben Ehepaarrente an die Ehepartner. Zudem werden die Ansprüche der geschiedenen Frauen verbessert.
Die AHV-Beiträge werden von 5,2% auf 7,8% angehoben.

1975 Im Rahmen der 8. Revision werden die Renten nochmals angehoben und erreichen ungefähr das heutige Niveau (siehe auch Abb. 12). Ebenfalls findet eine letzte Anpassung der AHV-Beiträge von 7,8% auf die noch heute geltenden 8,4% statt.

1979 Mit der 9. Revision erfolgt die Einführung des Mischindex für die Rentenanpassung (Mischindex = Mittelwert des Lohnindex und des Preisindex). Ebenfalls die periodische Rentenanpassung wird gesetzlich festgehalten.
Wiederum eingeführt wird die Beitragspflicht für erwerbstätige Personen im Rentenalter, dies allerdings mit einem jährlichen Freibetrag in

der Höhe der anderthalbfachen minimalen Monatsrente.

1993 – 1997 Mit der 10. Revision werden nebst andern Neuerungen auch wichtige frauenspezifische Anliegen verwirklicht.

In einem ersten Schritt in der 10. AHV- Revision wird 1993 eine Korrektur der Rentenformel (Abb. 12) vorgenommen, die den mittleren Einkommenskategorien Leistungsverbesserungen bringt. Es folgen dann mit dieser Revision weitere wichtige Schritte. Dies unter anderem auch zur Verwirklichung verschiedener Frauenpostulate, wie der selbständige Rentenanspruch der Ehefrau, die gleichen Rentenanwartschaften während Ehezeiten dank Einkommenssplitting sowie die Einführung der Erziehungs- und Betreuungsgutschriften. Allerdings bringt diese Revision auch ein Anheben des Frauenrentenalters auf 64 Jahre in zwei Schritten (2001 auf 63 Jahre und 2005 auf 64 Jahre).

Die Witwerrente wird eingeführt und die Zusatzrente für die Frau in der AHV abgeschafft. In der IV wird diese Zusatzrente geschlechtsneutral ausgestaltet. Ebenfalls eingeführt wird die Beitragspflicht für alle Erwachsenen, allerdings erfüllbar durch einen Ehegatten (Ehemann erwerbstätig, Ehefrau nicht, oder umgekehrt, Einkommen wird gesplittet und die Beiträge hälftig beiden gutgeschrieben).

Eingeführt wird auch der Vorbezug der Rente für maximal 2 Jahre. Weiter können neu betagte Personen schon bei mittlerer Hilflosigkeit eine Hilflosenentschädigung beziehen. Mit Ausnahme der Rentenaltererhöhung treten die Neuerungen im Jahre 1997 in Kraft, vorgezogen auf 1994 werden die Erziehungsgutschriften für geschiedene Frauen.

Nachdem die 11. AHV-Revision, die in den Bereichen Rentenalter der Frau, Flexibilisierung des Rentenalters, Witwer-, Witwenrenten weitere Änderungen vorsah, im Jahre 2004 vom Volke an der Urne abgelehnt worden war, ist der heutige Ausbaustand mit der 10. Revision geschaffen worden. Dieser wird nachfolgend ausführlich dargestellt.

## Die AHV im Jahre 2006

Im vorangegangenen Kapitel wurden die wichtigsten Neuerungen seit der Einführung der AHV im Jahre 1948 aufgezeigt. Nachfolgend soll nun der heutige

Stand der AHV (2006) umfassend beschrieben werden. Natürlich werden in den kommenden Jahren weitere Revisionsbeschlüsse fallen, aber mit grösster Wahrscheinlichkeit wird die solide Grundkonstruktion noch viele Jahre unverändert bleiben.

### *Die Leistungen*

Anspruch auf Leistungen der AHV haben die versicherten Personen, denen während mindestens eines Jahres Beiträge angerechnet werden können.

Nachfolgend sind alle individuellen Leistungen aufgeführt und die jeweiligen Anspruchsvoraussetzungen erklärt. In Tabelle 2 sind die ab 1. Januar 2006 geltenden Leistungsbeträge dargestellt. Die AHV gewährt zusätzlich auch kollektive Leistungen an gemeinnützige private Institutionen wie Altersheime oder Spitex, die im Bereiche der Altershilfe tätig sind. Diese kollektiven Leistungen sollen aber im Rahmen der Neuverteilung der Aufgaben zwischen Bund und Kantone in wenigen Jahren weitgehend aufgehoben werden.

| | Mindestens CHF/Monat | Höchstens CHF/Monat |
|---|---|---|
| Rente/Entschädigung | | |
| Altersrente | 1'075 | 2'150 |
| Ehepaarrente | 2'150 | 3'225 |
| Zusatzrente | 323 | 645 |
| Kinderrente | 430 | 860 |
| Waisenrente | 430 | 860 |
| Witwenrente | 860 | 1'720 |
| Witwerrente | 860 | 1'720 |
| Hilflosenentschädigung | 538 | 860 |

**Tabelle 2:** Mindest- und Höchstrente bzw. Entschädigung (Stand 2006)
Quelle: www.ahv.ch

### *Altersrenten*

Anspruch auf eine Altersrente haben Personen, die das ordentliche Rentenalter erreicht haben. Für Männer liegt das ordentliche Rentenalter bei 65 Jahren und für Frauen des Jahrgangs 1942 und jünger bei 64 Jahren.

### *Ehepaarrenten*

Anstelle der früheren Ehepaar-Altersrente erhalten beide Ehepartner je eine Einzelrente. Die Summe der beiden Einzelrenten eines Ehepaars darf nicht grösser sein als 150% der Maximalrente. Wird dieser Höchstbetrag überschritten, werden die beiden Einzelrenten entsprechend gekürzt. Eine Begrenzung der Renten findet nicht statt, wenn entweder der gemeinsame Haushalt durch einen richterlichen Entscheid aufgehoben wurde oder wenn ein Ehegatte eine Altersrente und der andere eine halbe Rente oder eine Viertelsrente der IV bezieht.

### *Zusatzrenten*

Anspruch auf eine Zusatzrente haben Ehemänner im Rentenalter, deren Ehefrau im Jahr 1941 oder früher geboren wurde und selber noch nicht rentenberechtigt ist. Ebenfalls Anspruch auf eine Zusatzrente haben Personen, die unmittelbar vor der Entstehung des Anspruchs auf eine Altersrente eine Zusatzrente der Invalidenversicherung bezogen haben, dies unabhängig vom Geburtsjahr des Ehegatten; und geschiedene Personen, die überwiegend für die ihnen zugesprochenen Kinder aufkommen und selbst keine Alters- oder Invalidenrente beanspruchen können.

### *Kinderrenten*

Rentenberechtigte Personen haben zusätzlich zur Altersrente Anspruch auf eine Kinderrente für ihre Kinder, bis diese das 18. Altersjahr beendet haben oder bis zum Abschluss ihrer Ausbildung, längstens aber bis zum vollendeten 25. Altersjahr. Dieser Anspruch gilt auch für Pflegekinder, die unentgeltlich aufgenommen wurden. Keine Kinderrente wird für Pflegekinder ausgerichtet, die erst nach der

Entstehung des Anspruchs auf eine Alters- oder Invalidenrente in Pflege genommen wurden. Eine Ausnahme bilden die Kinder des Ehegatten.

### *Waisenrenten*

Die AHV richtet Kindern eine Waisenrente aus, wenn die Mutter oder der Vater stirbt. Beim Tode beider Eltern besteht Anspruch auf zwei Waisenrenten. Analog zu den Kinderrenten erlischt der Anspruch bei Vollendung des 18. Altersjahres oder nach vollendeter Ausbildung, spätestens aber am 25. Geburtstag.

### *Witwenrenten*

Verheiratete Frauen, deren Ehegatte verstorben ist, haben Anspruch auf eine Witwenrente, wenn

- sie zum Zeitpunkt der Verwitwung eines oder mehrere Kinder haben, dies unabhängig von deren Alter. Als Kinder gelten auch im gemeinsamen Haushalt lebende Kinder des verstorbenen Ehegatten, die durch dessen Tod Anspruch auf eine Waisenrente haben. Das Gleiche gilt für Pflegekinder, die bisher von den Ehegatten betreut wurden.

- sie zum Zeitpunkt der Verwitwung das 45. Altersjahr zurückgelegt haben und mindestens 5 Jahre verheiratet waren. Die Ehejahre werden zusammengezählt, wenn sie mehrmals verheiratet waren.

Geschiedene Frauen, deren ehemaliger Ehegatte verstorben ist, haben Anspruch auf eine Witwenrente, wenn

- sie Kinder haben und die geschiedene Ehe mindestens 10 Jahre gedauert hat, oder
- sie bei der Scheidung älter als 45 Jahre waren und die geschiedene Ehe mindestens 10 Jahre gedauert hat, oder
- das jüngste Kind sein 18. Lebensjahr vollendet, nachdem die geschiedene Mutter 45 Jahre alt geworden ist.

Geschiedene Frauen, die keine dieser Voraussetzungen erfüllen, haben Anspruch auf eine Witwenrente bis zum 18. Geburtstag des jüngsten Kindes.

### *Witwerrenten*

Verheiratete und geschiedene Männer, deren Ehefrau oder ehemalige Ehefrau verstorben ist, erhalten eine Witwerrente, solange sie Kinder unter 18 Jahre haben.

### *Hilflosenentschädigung*

In der Schweiz wohnende Personen, die eine AHV-Rente beziehen, können eine Hilflosenentschädigung der AHV geltend machen, wenn

- sie in schwerem oder mittelschwerem Grad hilflos sind,
- die Hilflosigkeit ununterbrochen mindestens ein Jahr gedauert hat,
- kein Anspruch auf eine Hilflosenentschädigung der obligatorischen Unfallversicherung oder der Militärversicherung besteht.

Als hilflos gilt, wer für alltägliche Lebensverrichtungen wie Ankleiden, Körperpflege, Essen usw. dauernd auf die Hilfe Dritter angewiesen ist, dauernder Pflege oder persönlicher Überwachung bedarf. Personen, die bereits vor dem Erreichen des Rentenalters eine Hilflosenentschädigung der Invalidenversicherung bezogen haben, erhalten diese in der AHV in gleicher Höhe. Die Hilflosenentschädigung ist eine Versicherungsleistung, die unabhängig von Einkommen und Vermögen ist.

### *Ergänzungsleistungen*

Rentnerinnen und Rentner, die in bescheidenen wirtschaftlichen Verhältnissen leben, haben unter bestimmten Voraussetzungen Anspruch auf Ergänzungsleistungen (siehe Kapitel 9).

### *Die Berechnung der Renten*

Eine Altersrente kann in der Regel erst bei Erreichen des Rentenalters verbindlich berechnet werden, weil die Berechnungsgrundlagen erst dann vollständig vorliegen. Wie bereits früher ausgeführt, kennen wir in der Schweiz die Einheitsrente nicht, sondern ein Rentenintervall zwischen Minimal- und Maximalrente, wobei die Maximalrente heute doppelt so hoch ist wie die Minimalrente (siehe auch Tabelle 2). Diese beiden Fixwerte sind für die gesamte Altersvorsorge von grosser Bedeutung. Sie bilden auch die Berechnungsgrundlage für praktisch alle Leistungen der Dreisäulenkonzeption unserer Altersvorsorge. In Abbildung 12 (Seite 40) ist die so genannte Rentenformel abgebildet. Eine leistungsberechtigte Person erhält eine Vollrente, deren Höhe im Intervall zwischen Maximal- und Minimalrente liegt, wenn sie ab Kalenderjahr, in dem sie das 21. Altersjahr erreicht hat, stets die Beitragspflicht erfüllt hat. Sie weist somit 44 Beitragsjahre aus. Besteht eine unvollständige Beitragsdauer, wird eine Teilrente ausgerichtet. Ein fehlendes Beitragsjahr führt in der Regel zu einer Rentenkürzung von mindestens 1/44. Bei Personen, die vor dem 1. Januar nach Vollendung des 20. Altersjahres Beiträge bezahlt haben, werden diese als so genannte «Jugendjahre» angerechnet, um mögliche spätere Beitragslücken aufzufüllen. Massgebend zur Errechnung der Vollrente sind die in den beitragspflichtigen Jahren erzielten durchschnittlichen Erwerbseinkommen sowie die erzielten Erziehungs- und Betreuungsgutschriften.

### *Das durchschnittliche Erwerbseinkommen*

Um den Durchschnitt der Erwerbseinkommen zu berechnen, werden alle Einkommen bis zum 31. Dezember des Jahres, das dem Eintritt ins Rentenalter vorangeht, zusammengezählt. Da während der gesamten Beitragsdauer von in der Regel 44 Jahren eine Lohn- und Preisentwicklung stattfand, wird die gesamte Einkommenssumme entsprechend aufgewertet und die aufgewertete Summe durch die Zahl der anrechenbaren Jahre und Monate geteilt. Die entsprechende Aufwertungstabelle ist im Anhang A 2 aufgeführt. Das Ergebnis entspricht dem Durchschnitt der Erwerbseinkommen und bildet die Grundlage zur Errechnung der Höhe der Rente.

Einkommen, welche die Ehegatten während der Kalenderjahre der gemeinsamen Ehe erzielt haben, werden geteilt und je zur Hälfte den beiden Ehegatten angerechnet (Splitting). Diese Einkommensteilung wird vorgenommen, wenn beide Ehegatten rentenberechtigt sind, wenn eine verwitwete Person Anspruch auf eine Altersrente hat und wenn die Ehe geschieden wird.

Wird bei Ehepaaren ein Ehegatte rentenberechtigt, der andere noch nicht, werden die Einkommen ungeteilt angerechnet. Sobald der andere Ehegatte auch rentenberechtigt wird, werden beide Renten neu berechnet, und zwar aufgrund der ungeteilten Einkommen vor bzw. der geteilten Einkommen während der E-he. Die Einkommen, die anfallen, während nur einer der Ehegatten altersrentenberechtigt ist, werden nicht mehr geteilt.

### *Die Erziehungs- und Betreuungsgutschriften*

Bei der Berechnung der Altersrente wird der rentenberechtigten Person für jedes Jahr, in dem sie Kinder unter 16 Jahren hatte, eine Erziehungsgutschrift angerechnet. Diese entspricht der dreifachen jährlichen Minimalrente. Bei verheirateten Personen wird die Gutschrift während der Kalenderjahre der Ehe je hälftig gutgeschrieben.

Versicherten Personen können für Jahre, in denen sie pflegebedürftige Verwandte betreuten, Betreuungsgutschriften angerechnet werden. Für Jahre, in denen Erziehungsgutschriften angerechnet werden, besteht kein zusätzlicher Anspruch auf diese Gutschrift. Die Höhe dieser Betreuungsgutschrift entspricht ebenfalls der dreifachen jährlichen Minimalrente. Sie wird bei verheirateten Personen ebenfalls hälftig gutgeschrieben. Im Gegensatz zu den Erziehungsgutschriften müssen die Betreuungsgutschriften unter Angabe der betreuten Personen bei den zuständigen Behörden beantragt werden.

Der Durchschnitt der Erziehungs- und Betreuungsgutschriften ergibt sich, indem die Gesamtsumme durch die gesamte Beitragsdauer dividiert wird.

Das durchschnittliche Jahreseinkommen, das zur Ermittlung der Rentenhöhe massgebend ist, setzt sich zusammen aus der Summe des Durchschnitts der aufgewerteten Erwerbseinkommen und des Durchschnitts der Erziehungs- und Betreuungsgutschriften. Anhand der so genannten Rentenskala 44 (siehe Anhang A1) kann dann aus diesem durchschnittlichen Jahreseinkommen die Rente ermittelt werden. Besteht eine unvollständige Beitragsdauer, wird eine Teilrente (Rentenskala 1–43) ausgerichtet. Die Teilrente bemisst sich nach dem Verhältnis der tatsächlichen Beitragsjahre zu der vollständigen Beitragsdauer. Dieses Berechnungsverfahren gilt für die Alters- und für die Hinterlassenenrenten.

Aus der in Abb. 12 (Seite 40) grafisch dargestellten Rentenformel ist ersichtlich, dass die Minimalrente bis zum durchschnittlichen Jahreseinkommen (massgebendes Einkommen), das der Jahresminimalrente entspricht, bezahlt wird. Bis im Jahre 1993 (10. AHV-Revision) stieg dann die Rente linear in Funktion des durchschnittlichen Jahreseinkommens an bis zur Maximalrente, die ab einem Einkommen, das dem 6fachen der Jahresminimalrente entspricht, ausbezahlt wird. Diese beiden Grenzwerte errechnen sich also aus den festgelegten Beträgen der Minimal- und der Maximalrente resp. aus der Minimalrente, da die Maximalrente dem 2fachen dieses Betrages entspricht. Mit der 10. AHV-Revision wurde im Jahre 1993 der lineare Anstieg in der Rentenformel ersetzt durch einen steileren Anstieg zugunsten der unteren und mittleren Einkommen.

### *Der Rentenvorbezug und der Rentenaufschub*

Seit dem 1. Januar 2005 liegt das ordentliche Rentenalter der Frau bei 64 Jahren und beim Mann nach wie vor unverändert bei 65 Jahren.

Männer und Frauen haben seit der 10. AHV-Revision die Möglichkeit die Rente ein oder zwei Jahre vorzubeziehen. Sie erhalten für die Dauer des gesamten Rentenbezugs eine nach versicherungsmathematischen Grundsätzen gekürzte Rente. Mit einer Übergangsregelung zur schrittweisen Erhöhung des Frauenrentenalters wurde festgelegt, dass die Renten von Frauen, welche zwischen dem 1. Januar 2001 und dem 31. Dezember 2009 vom Rentenvorbezug Gebrauch machen, nur um die Hälfte gekürzt werden.

Es besteht für Männer und Frauen auch die Möglichkeit des Rentenaufschubes. Wer Anspruch auf eine ordentliche Rente hat, kann den Beginn des Rentenbezuges mindestens ein Jahr und höchstens fünf Jahre aufschieben und innerhalb dieser Frist die Rente von einem bestimmten Monat an abrufen. Die aufgeschobenen Altersrenten werden auch hier nach versicherungsmathematischen Grundsätzen entsprechend dem Gegenwert der nicht bezogenen Leistungen erhöht.

Im Anhang 3 sind typische Rentenberechnungsbeispiele aufgeführt.

### *Die Finanzierung*

Die AHV wird nach dem so genannten Umlageverfahren finanziert. Im Unterschied zur beruflichen Vorsorge oder zum individuellen Sparen in der dritten Säule (siehe unter 2.1.3 und 2.1.4) wird bei dieser Finanzierungsart nicht über Jahre gespart und Kapital angehäuft. Die AHV gibt pro Jahr ungefähr so viel aus, wie sie einnimmt, d. h., innerhalb der gleichen Zeitperiode werden die eingenommenen Beiträge für Leistungen an die Rentenberechtigten wieder ausgegeben, also «umgelegt». Diese Finanzierungsart ermöglicht es, dass einmal beschlossene Rentenverbesserungen sofort verwirklicht werden können, dies im Gegensatz zur beruflichen Vorsorge. Alle Personen, die eine Erwerbstätigkeit ausüben, müssen Beiträge an die AHV bezahlen. Eine Ausnahme bilden erwerbstätige Jugendliche, die bis zum Ablauf des Kalenderjahres, in welchem sie 17 Jahre alt werden, beitragsbefreit sind. Jugendliche Familienmitglieder, die im Familienbetrieb mitarbeiten und keinen Barlohn beziehen, müssen ab dem 1. Januar nach ihrem 20. Geburtstag AHV-Beiträge bezahlen. Die Beitragspflicht endet, sobald jemand das ordentliche Rentenalter erreicht und die Erwerbstätigkeit aufgegeben hat. Wer nach dem Erreichen des Rentenalters noch arbeitet, muss weiterhin AHV-Beiträge bezahlen. Allerdings besteht hier ein jährlicher Freibetrag von CHF 16'800 (Stand 2006). Die Beiträge an die AHV betragen seit 1975 unverändert 8,4% des Erwerbseinkommens, und diese werden je hälftig vom Arbeitnehmer und vom Arbeitgeber bezahlt.

Für Personen, die keiner Erwerbstätigkeit nachgehen, beginnt die Beitragspflicht ebenfalls am 1. Januar nach dem 20. Geburtstag. Der Beitrag richtet sich nach der Höhe des Vermögens und/oder nach der Höhe des jährlichen Renteneinkommens, das z. B. durch eine vorzeitige Pensionierung aus der beruflichen Vorsorge realisiert wird. Der Mindestbeitrag liegt bei CHF 353 (Stand 2006), der beispielsweise auch von Studierenden ohne Vermögen und ohne Erwerbseinkommen zu entrichten ist. Der maximale Beitrag für Nichterwerbende liegt bei CHF 8’400 (Stand 2006).

Die Selbständigerwerbenden zahlen einen reduzierten Satz von 7,8%. Dieser Beitragssatz wird vermindert bis auf 4,2%, wenn das Jahreseinkommen weniger als CHF 50’700 beträgt (sinkende Beitragsskala, Stand 2006).

Laut Verfassung hat sich auch die öffentliche Hand an der Finanzierung der AHV zu beteiligen. Diese Beteiligung darf 50% der Gesamtausgaben nicht übersteigen. Im Jahre 2006 beträgt der Anteil 20%. Davon trägt der Bund 16,36%

und die Kantone 3,64%. Der Bund leistet seinen Beitrag vorab aus dem Ertrag der Abgaben auf Tabak und gebrannten Wassern. Den Rest wird aus den allgemeinen Mitteln entnommen. Zusätzlich zu diesen Beiträgen der öffentlichen Hand wurde auf den 1. Januar 1999 zugunsten der AHV die Mehrwertsteuer um 1% angehoben. Da die Mehrwertsteuer eine Bundessteuer ist und der Bund sich mit 16,36% bereits an den Gesamtausgaben der AHV beteiligt, fliessen vom gesamten Ertrag dieser Mehrwertsteuererhöhung 83,64% in die AHV und 16,36% in die Bundeskasse. Eine Lösung, die immer wieder zu politischen Diskussionen führt! Weiter fliesst auch der Ertrag aus der Spielbankenabgabe vollumfänglich in die AHV.

### *Der Ausgleichsfonds*

Gleichzeitig mit der AHV wurde auch der Ausgleichsfonds errichtet. Dieser soll kurzfristige Einnahmenschwankungen ausgleichen, die beim Umlageverfahren aufgrund der wirtschaftlichen Lage entstehen können. Der Ausgleichsfonds darf in der Regel nicht unter den Betrag einer Jahresausgabe absinken. Ihm werden alle Einnahmen der AHV gutgeschrieben und alle Ausgaben belastet. In Tabelle 3 sind die Einnahmen und Ausgaben der AVH detailliert dargestellt.

| | 1995 | 2000 | 2001 | 2002 | 2003 | 2004 |
|---|---|---|---|---|---|---|
| Total Einnahmen | 24'512 | 28'792 | 29'620 | 28'903 | 31'958 | 32'387 |
| Beiträge Versicherte und Arbeitgeber | 18'646 | 20'482 | 21'601 | 21'958 | 22'437 | 22'799 |
| Beiträge öffentliche Hand | 4'809 | 7'417 | 7'750 | 7'717 | 8'051 | 8'300 |
| davon Bund | 4'074 | 4'535 | 4'758 | 4'760 | 4'905 | 4'977 |
| davon MWST und Spielbanken | - | 1'872 | 1'933 | 1'898 | 2'055 | 2'215 |
| Zinsen | 1'046 | 881 | 257 | -782 | 1'460 | 1'276 |
| Übrige Einnahmen | 11 | 12 | 13 | 9 | 10 | 12 |
| *Struktur der Einnahmen in %* | | | | | | |
| Beiträge Versicherte und Arbeitgeber | 76.1 | 71.1 | 72.9 | 76.0 | 70.2 | 70.4 |
| Beiträge öffentliche Hand | 19.6 | 25.8 | 26.2 | 26.7 | 25.2 | 25.6 |
| Zinsen | 4.3 | 3.1 | 0.9 | -2.7 | 4.6 | 3.9 |
| Übrige Einnahmen | 0.0 | 0.0 | 0.0 | 0.0 | 0.0 | 0.0 |
| Total Ausgaben | 24'503 | 27'722 | 29'081 | 29'095 | 29'981 | 30'423 |
| Sozialleistungen | 24'416 | 27'627 | 28'980 | 29'001 | 29'866 | 30'272 |
| Verwaltungs- und Durchführungskosten | 87 | 94 | 101 | 94 | 115 | 151 |
| Rückstellungen | - | - | - | - | - | - |
| Übrige Ausgaben | - | - | - | - | - | - |
| Rechnungssaldo | 9 | 1'070 | 538 | -191 | 1'977 | 1'964 |
| Stand des Kapitalkontos | 23'836 | 22'720 | 23'259 | 23'067 | 25'044 | 27'008 |

**Tabelle 3:** Überblick über die Finanzen der AHV (in Mio. CHF) 1995–2004
Quelle: Bundesamt für Sozialversicherung

### *Durchführung und Organisation*

Die AHV-Gesetzgebung und die Aufsicht sind Bundessache. Das Bundesamt für Sozialversicherung sorgt für eine einheitliche Anwendung der gesetzlichen Vorschriften. Die zentrale Ausgleichsstelle mit Sitz in Genf führt den Ausgleichsfonds und die Gesamtbuchhaltung. Ein vom Bundesrat gewählter Verwaltungsrat verwaltet den Ausgleichsfonds und ist verantwortlich für das sichere Anlegen der Fondsgelder zu optimalen Zinserträgen. Die zentrale Ausgleichsstelle ist auch zuständig für die Zuteilung der Versicherungsnummern. Jede versicherte

Person, die Beiträge bezahlt oder Leistungen bezieht, ohne Beiträge zahlen zu müssen, erhält einen Versicherungsausweis mit der zugeteilten Versicherungsnummer. Der Ausweis bestätigt, dass der Inhaber oder die Inhaberin in das Versichertenregister aufgenommen wurde. Abbildung 13 zeigt die Gestaltung des heute gültigen Versicherungsausweises.

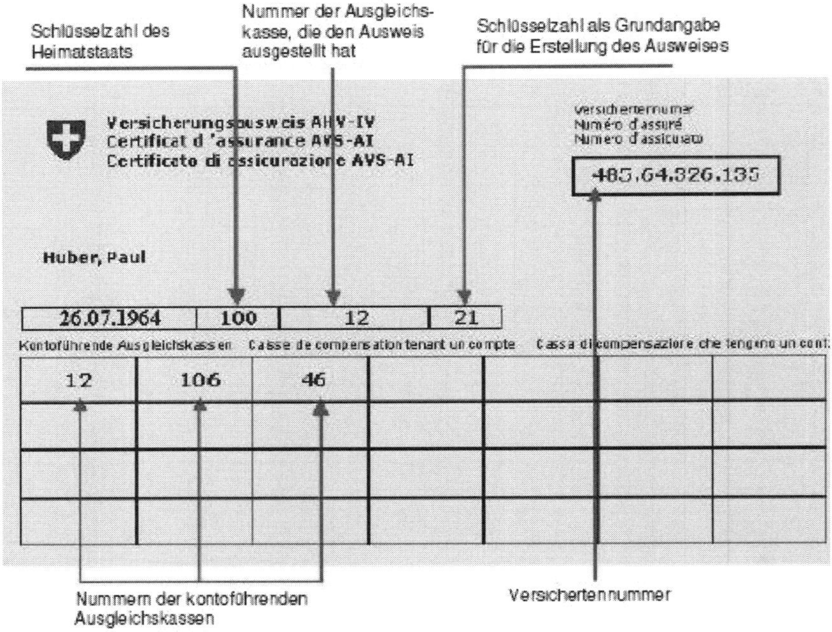


**Abbildung 13 :** Die Gestaltung des Versicherungsausweises AHV-IV
Quelle: www.ahv.ch (beschreiben)

Für die Durchführung und den direkten Kontakt mit den Versicherten und den Arbeitgebern sind in erster Linie die Ausgleichskassen der Verbände, der Kantone und des Bundes zuständig. Es sind deren rund 100 an der Zahl. Diese ziehen die Beiträge ein. Sie berechnen die Leistungen der AHV und sind für deren Auszahlung an die Versicherten verantwortlich.

Die Arbeitnehmer eines Betriebes werden alle zusammen in der gleichen AHV-Ausgleichskasse versichert, der sich der Arbeitgeber anschliesst. Dies kann eine kantonale Ausgleichskasse oder eine Verbandskasse sein. Über den

Berufsverband erfährt ein Arbeitgeber, ob eine Verbandsausgleichskasse besteht. Sobald ein Arbeitgeber einem Verband beitritt, muss er mit der Verbandsausgleichskasse abrechnen. Der Arbeitgeber meldet jede neu eintretende Person mit ihrem Versicherungsausweis (AHV-Ausweis) bei der Ausgleichskasse an. Auf dem AHV-Ausweis wird die kontenführende Kasse mit ihrer Kassennummer eingetragen. Bei dieser Kasse wird für jede versicherte Person ein individuelles Konto geführt, auf dem alle Einkommen, Beitragszeiten sowie Erziehungs- und Betreuungsgutschriften aufgezeichnet werden, die als Grundlage für die Rentenberechnung dienen. Die zentrale Ausgleichsstelle waltet als Verbindungsglied zwischen den Ausgleichskassen. Sie verbucht die Beiträge aller Ausgleichskassen und stellt ihnen die Mittel zur Auszahlung der Renten zur Verfügung. Sie führt zudem ein zentrales Versicherten- und Rentenregister. Die Ausgleichskassen werden von unabhängigen Revisionsstellen periodisch überprüft, und das Bundesamt für Sozialversicherung überwacht im Auftrage des Bundesrates den gesamten Vollzug dieses wichtigen Sozialwerkes.

### 2.1.2 Die Invalidenversicherung

Die Invalidenversicherung IV ist mit der AHV untrennbar verbunden und gehört zur ersten Säule des Dreisäulenkonzeptes. AHV und IV sind in der neuen Verfassung in Art. 112 gemeinsam geregelt mit dem umfassenden Titel der Alters-, Hinterlassenen- und Invalidenversicherung. Auch im Bereiche der Versicherungsunterstellung, der Finanzierung, des Rentensystems und der dezentralen Organisation sind AHV und IV eng miteinander verbunden. Das seit 1948 gut funktionierende System der AHV wurde im Jahre 1960 mit der Invalidenversicherung ergänzt. So wie die AHV alle Menschen in unserem Lande gegen die wirtschaftlichen Folgen des Alters, der Verwitwung und der Verwaisung sichern soll, sorgt die IV dafür, dass Menschen mit einer Behinderung durch berufliche Eingliederungsmassnahmen oder Geldleistungen eine Existenzgrundlage haben. Während die Risikofälle Alter und Tod von den Sozialversicherungen relativ einfach und standardisiert zu behandeln sind, ist die Invalidenversicherung doch etwas komplizierter. Grundsätzlich besteht der gesetzliche Auftrag, dass Personen mit einer Behinderung möglichst beruflich eingegliedert werden sollen, dies nach dem Grundsatz «Eingliederung vor Rente». Ist eine Eingliederung nicht oder nur teilweise möglich, muss die IV den Behinderungsgrad bestimmen, der auch massgebend für die Bestimmung der IV-Rente ist, und weiter gilt es den Assistenzbedarf zu bestimmen, den Personen mit Behinderungen z. T. nötig haben. Die Invalidenversicherung ist eine Sozialversicherung, die die wirtschaftlichen Folgen einer Behinderung absichert. Sie ist nicht da, um Massnahmen zur Gleichstellung von behinderten und nicht behinderten Menschen zu finanzieren. Diese sicher berechtigten und erwünschten Massnahmen müssen von der öffentlichen Hand bezahlt werden.

Als Invalidität im Sinne der IV gilt die durch einen körperlichen, psychischen oder geistigen Gesundheitsschaden verursachte Erwerbsunfähigkeit bzw. die Unfähigkeit, sich im bisherigen Aufgabenbereich zu betätigen. Diese Beeinträchtigung muss bleibend sein oder längere Zeit dauern, in der Regel mindestens ein Jahr. Ob der Gesundheitsschaden Folge eines Geburtsgebrechens, einer Krankheit oder eines Unfalles ist, spielt dabei keine Rolle. Die behinderten Menschen haben in erster Linie Anspruch auf Leistungen, welche die durch den Gesundheitsschaden verursachte Beeinträchtigung vermindern, beseitigen oder deren Auswirkungen mildern. Zu diesen Leistungen zählen bestimmte medizinische Massnahmen, Sonderschulung, Massnahmen beruflicher Art, wie z. B. Umschulungen und Hilfsmittel, wie Hörgeräte, Rollstühle, Orientierungshilfen für Blinde usw. Der Anspruch auf Renten besteht erst in zweiter Linie. Gezielte Eingliederungsmassnahmen nach dem Grundsatz «Eingliederung vor Rente» sollen die Behinderten so weit fördern, dass sie ihren Lebensunterhalt ganz oder teilweise aus eigener Kraft bestreiten und ein grösstmögliches Mass an Unabhängigkeit erhalten oder wieder erreichen können. Durch die Unterstützung und Stärkung des Willens sich selber zu behaupten und sich trotz der Behinderung in die Gesellschaft zu integrieren, sollen sie die Möglichkeit erhalten ihr Leben frei zu gestalten.

### *Individuelle Leistungen*

Als Leistungen der Invalidenversicherung, die auf die Eingliederung der Behinderten im Alltag ausgerichtet sind, gelten:

– Medizinische Massnahmen, die ein Geburtsgebrechen oder einen weitgehend stabilen Gesundheitszustand behandeln, sofern dadurch die Erwerbsfähigkeit dauernd und wesentlich verbessert werden kann. Medizinische Massnahmen zur Behandlung eines Geburtsgebrechens werden bis zum Erreichen des 20. Altersjahres von der IV bezahlt, dann erfolgt die Kostenübernahme durch die Krankenversicherung.

- Massnahmen für die Sonderschulung und die Betreuung hilfloser Minderjähriger. Den Versicherten, die infolge eines Gesundheitsschadens den obligatorischen Schulunterricht nicht mehr besuchen können, werden folgende Leistungen ausgerichtet: Schul- und Kostgeldbeiträge, pädagogisch-therapeutische Massnahmen, dies vorbereitend oder begleitend zum Sonderschulbesuch sowie Transportkostenbeiträge. Sprech-, Seh-, Hör- und Körperbehinderten kommen Unterstützungs- und Entwicklungsmassnahmen zugute, damit sie den obligatorischen Schulunterricht besuchen können. Die Massnahmen werden grundsätzlich ab Geburt bis zum Beginn einer beruflichen Ausbildung bzw. der Aufnahme einer Erwerbstätigkeit gewährt, längstens aber bis zum vollendeten 20. Altersjahr.
- Die Abgabe von Hilfsmitteln, die für die Ausübung einer Erwerbstätigkeit oder einer Tätigkeit in einem Aufgabenbereich wie dem Haushalt, für die Schulung usw. notwendig sind. Zur Fortbewegung, zur Herstellung des sozialen Kontaktes oder zur Selbstsorge werden Hilfsmittel ohne Bezug auf die Erwerbstätigkeit abgegeben.
- Massnahmen beruflicher Art umfassen Berufsberatung, berufliche Ausbildung, Weiterbildung, Umschulung, Hilfe bei der Stellenvermittlung, Beiträge an die Kosten für Berufskleider, persönliche Werkzeuge sowie allfällige Umzugskosten und Ausrichtung von Kapitalhilfen zur Aufnahme oder zum Aufbau einer selbständigen Tätigkeit oder zur Finanzierung von invaliditätsbedingten Umstellungen in einem Unternehmen.
- Ausrichtung von Taggeldern. Einen Anspruch auf Taggelder haben jene Versicherten, die wegen Eingliederungsmassnahmen keiner Arbeit nachgehen können oder in ihrer gewohnten Tätigkeit zu mindestens 50% arbeitsunfähig sind. Das Taggeld kann maximal während 180 Tagen bezogen werden mit dem Ziel sich in einem von der IV vermittelten Arbeitsplatz in einer Lernphase einzuarbeiten. Alle Versicherten erhalten geschlechts- und zivilstandsneutral die gleiche Grundentschädigung von 80% des zuletzt erzielten Erwerbseinkommens. Versicherten mit Kindern wird dazu ein Kindergeld in der gleichen Höhe wie bei der AHV gewährt.

### *Renten und Hilflosenentschädigung*

Renten oder Beiträge für Behinderte werden zugesprochen, wenn die Eingliederungsmassnahmen nicht genügen. Die Beiträge an Behinderte sind für jene bestimmt, die die gewöhnlichen Tätigkeiten des Alltages nicht ausführen können. Diese Beiträge werden als Hilflosenentschädigung bezeichnet, wie dies auch in der AHV der Fall ist.

Die IV-Rente wird gleich berechnet wie die AHV-Rente, d. h., es werden die Beitragsjahre sowie das durchschnittliche Jahreseinkommen berücksichtigt. Gleich wie bei der AHV werden Erziehungs- und Betreuungszeiten und allenfalls auch das Einkommen des Ehepartners (Splitting) mit berücksichtigt. Allerdings wird eine Vollrente erreicht, wenn der Versicherte bei Eintritt der Invalidität während gleich vielen Jahren wie sein Jahrgang Beiträge geleistet hat. Entsprechend errechnet sich die Teilrente, wenn die Beitragsdauer im Verhältnis zu derjenigen seines Jahrgangs unvollständig ist. Die gleiche Regelung wie bei der AHV gilt auch für die Zusatzrenten für Ehegatten und für die Kinderrenten.

Im Gegensatz zur AHV wird die Höhe der IV-Rente nach Massgabe des Invaliditätsgrades abgestuft. Wurden ursprünglich je nach Invaliditätsgrad halbe Renten und ganze Renten ausgerichtet, wurde in den Achtzigerjahren die Viertelsrente eingeführt und seit der Inkraftsetzung der 4. IV-Revision auf den 1. Januar 2004 werden auch Dreiviertelsrenten ausbezahlt. Dadurch wurde die Rentenabstufung verfeinert. Bei einem Invaliditätsgrad zwischen 40 und 49% besteht Anspruch auf eine Viertelsrente, bei 50 bis 59% auf eine halbe Rente, bei 60 bis 69% auf eine Dreiviertelsrente und bei einem Invaliditätsgrad von 70 bis 100% wird eine ganze Rente gewährt. Analog abgestuft werden die Zusatzrenten und die Kinderrenten.

Bei der Hilflosenentschädigung wird seit dem 1. Januar 2004 auch unterschieden, ob eine Person zu Hause wohnt oder in einem Heim ist. Die Beträge beim Wohnen zu Hause sind doppelt so hoch als beim Wohnen im Heim. Mit dieser Massnahme sollten Anreize geschaffen werden, um möglichst ein eigenständiges Leben gestalten zu können. Tabelle 4 zeigt die geltenden Ansätze, welche pro Monat ausgerichtet werden.

| Grad der Hilflosigkeit | Zu Hause | Im Heim |
|---|---|---|
| leicht | 422 | 211 |
| mittel | 1'055 | 528 |
| schwer | 1'688 | 844 |

**Tabelle 4:** Pro Monat ausgerichtete geltende Ansätze in CHF (Stand 2006)
Quelle: Bundesamt für Sozialversicherung

### *Kollektive Leistungen*

Die IV richtet kollektive Beiträge für die schulische und berufliche, teilweise auch für die soziale Integration aus. Es besteht meistens ein enger Zusammenhang zu Leistungen, welche sie individuell erbringt. Es sind dies folgende:

- Bau- und Betriebsbeiträge an Institutionen und Werkstätten, welche die Eingliederungsmassnahmen der IV durchführen,
- Beiträge an Werkstätten für die Dauerbeschäftigung von Behinderten,
- Subventionen von Wohnheimen und Tagesstätten zur dauernden oder vorübergehenden Aufnahme von Behinderten,
- Betriebsbeiträge an Organisationen der privaten Invalidenhilfe und an Ausbildungsstätten.

Tabelle 5 gibt einen Gesamtüberblick über die Leistungen der IV.

| | **1980** | **1990** | **2000** | **2001** | **2002** | **2003** | **2004** |
|---|---|---|---|---|---|---|---|
| Geldleistungen | 1'440 | 2'606 | 5'451 | 5'929 | 6'334 | 6'789 | 7'075 |
| Individuelle Leistungen | 347 | 702 | 1'319 | 1'399 | 1'512 | 1'634 | 1'550 |
| Kollektive Leistungen | 288 | 684 | 1'623 | 1'777 | 1'737 | 1'872 | 1'961 |

**Tabelle 5:** Leistungen der IV (in Mio. CHF) 1980–2004
Quelle: Bundesamt für Sozialversicherung

### *Die Finanzierung*

Die Finanzierung der IV erfolgt analog zur AHV. Allerdings leistet die öffentliche Hand einen Anteil von 50% der Gesamtausgaben, wobei der Bund 75% und die Kantone 25% davon tragen. Total werden 1,4% an Beiträgen auf dem Erwerbseinkommen erhoben und hälftig auf die Arbeitnehmer und Arbeitgeber aufgeteilt. Die Selbständigerwerbenden zahlen ebenfalls 1,4% in die IV, profitieren aber wie bei der AHV von der sinkenden Beitragsskala bei tieferen Einkommen. Ebenfalls analog zur AHV zahlen Nichterwerbstätige Beiträge an die IV. Der Minimalbetrag liegt bei CHF 59 und der Maximalbetrag bei CHF 1'400 pro Jahr. In Tabelle 6 sind die Einnahmen und Ausgaben der IV dargestellt.

| | 1995 | 2000 | 2001 | 2002 | 2003 | 2004 |
|---|---|---|---|---|---|---|
| Total Einnahmen | 6'483 | 7'897 | 8'458 | 8'775 | 9'210 | 9'511 |
| Beiträge Versicherte und Arbeitgeber | 3'131 | 3'437 | 3'624 | 3'682 | 3'764 | 3'826 |
| Beiträge öffentliche Hand | 3'285 | 4'359 | 4'733 | 4'982 | 5'329 | 5'548 |
| davon Bund | 2'432 | 3'269 | 3'549 | 3'737 | 3'997 | 4'161 |
| Zinsen | - | 0 | - | - | - | - |
| Übrige Einnahmen | 67 | 102 | 101 | 110 | 117 | 137 |
| *Struktur der Einnahmen in %* | | | | | | |
| Beiträge Versicherte und Arbeitgeber | 48,3 | 43,5 | 42,8 | 42,0 | 40,9 | 40,2 |
| Beiträge öffentliche Hand | 50,7 | 55,2 | 56,0 | 56,8 | 57,9 | 38,3 |
| Zinsen | - | - | - | - | - | - |
| Übrige Einnahmen | 1,0 | 1,3 | 1,2 | 1,3 | 1,3 | 1,5 |
| Total Ausgaben | 6'826 | 8'718 | 9'465 | 9'964 | 10'658 | 11'096 |
| Sozialleistungen | 6'571 | 8'393 | 9'104 | 9'583 | 10'295 | 10'586 |
| Verwaltungs- und Durchführungskosten | 200 | 234 | 257 | 272 | 293 | 409 |
| Rückstellungen | - | - | - | - | - | - |
| Übrige Ausgaben | 56 | 90 | 105 | 109 | 70 | 101 |
| Rechnungssaldo | -343 | -820 | -1'008 | -1'189 | -1'448 | -1'586 |
| Stand des Kapitalkontos | -1'148 | -2'306 | -3'313 | -4'503 | -4'450 | -6'036 |

**Tabelle 6:** Überblick über die Finanzen der IV (in Mio. CHF) 1995–2004
Quelle: Bundesamt für Sozialversicherung

Alle Personen, die in der AHV versichert sind, sind dies automatisch auch bei der IV. Die IV-Beiträge werden gemeinsam mit den AHV-Beiträgen erhoben und der Ausgleichsfonds verwaltet auch die IV-Gelder. Diesem werden alle Einnahmen der IV gutgeschrieben und alle Ausgaben belastet.

### *Durchführung und Organisation*

Nach der IV-Gesetzgebung verfügt jeder Kanton über eine IV-Stelle. Diese behandelt alle individuellen Anträge der Versicherten des Kantons, überprüft die Akten und trifft Entscheidungen in Bezug auf die Leistungen. Der Bund führt bei der zentralen Ausgleichsstelle in Genf eine IV-Stelle für die im Ausland lebenden Versicherten. In Abbildung 14 ist der Weg von der Anmeldung bei der zuständigen IV-Stelle bis zum Leistungsbezug aufgezeigt.

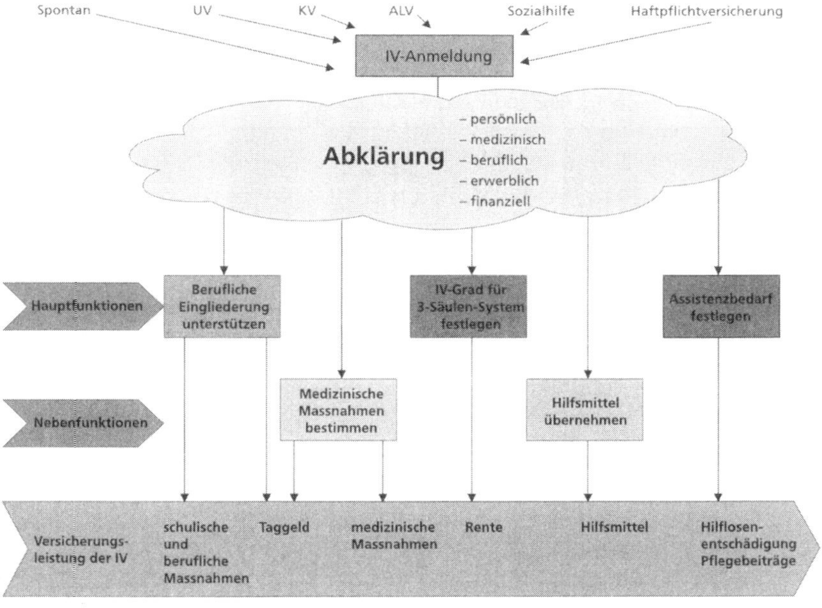


**Abbildung 14:** Der Weg von der Anmeldung bis zum Leistungsbezug

Quelle: IV-Stellen-Konferenz

Zur Beurteilung der Leistungsberechtigung und zur Festsetzung eines Invaliditätsgrades stehen den IV-Stellen landesweit einige medizinische (MEDAS) und berufliche (BEFAS) Abklärungsstellen zur Verfügung. Diese haben insbesondere bei schwierig zu beurteilenden Fällen abzuklären, ob Eingliederungsmassnahmen erfolgen sollen oder ob eine Rentenauszahlung nötig wird. Mit der 4. IV-Revision wurden auf den 1. Januar 2004 zusätzlich regionale ärztliche Dienste geschaffen, die mit speziell ausgebildeten Ärztinnen und Ärzten die medizinische Beurteilung der Antragssteller vornehmen. Den Versicherten steht das Recht zu, von den IV-Stellen angehört zu werden und Einsicht in ihre Akten zu nehmen, bevor ein Entscheid gefällt wird. Gegen Beschlüsse der IV-Stellen können die Versicherten den üblichen Rechtsweg beschreiten.

Die AHV-Ausgleichskassen wirken in zweifacher Hinsicht bei der Abklärung der Ansprüche mit. Einerseits müssen sie die notwendigen Grundlagen liefern, damit die Voraussetzungen für den Versicherungsanspruch geprüft werden können, z. B. die Ermittlung der Beitragszeiten, andrerseits müssen sie Renten- und Taggelder berechnen. Sie sind dann auch zuständig für die Auszahlung der individuellen Geldleistungen (Renten, Taggelder und Hilflosenentschädigungen).

Wie bei der AHV übt das Bundesamt für Sozialversicherung BSV im Auftrage des Bundesrates die Oberaufsicht über den Gesetzesvollzug aus. Da bei der Festsetzung der IV-Leistungen nicht selten ein gewisser Beurteilungsspielraum bei den IV-Stellen besteht, erlässt das BSV Kreisschreiben, Wegleitungen und Mitteilungen, welche für die IV-Stellen verbindlich sind. Das BSV hat als Oberaufsichtsbehörde auch das Recht stichprobenartig in einzelne Versichertendossiers Einsicht zu nehmen und gegebenenfalls eine Neubeurteilung zu verlangen.

### 2.1.3 Die berufliche Vorsorge

#### Von den Anfängen bis zur heutigen Lösung

Die berufliche Vorsorge hat als zweite Säule der Altersvorsorge die Aufgabe, den Versicherten beim Übertritt ins Rentenalter die Weiterführung ihres Lebensstandards in angemessener Weise zu ermöglichen. Während die AHV/IV als erste Säule das Ziel hat jeder Person im Alter oder bei Invalidität die Existenz zu sichern, soll zusätzlich mit der zweiten Säule ein Renteneinkommen von rund 60 Prozent des letzten Lohnes angestrebt werden (Abb. 9, S. 35).

Um dieses Ziel zu erreichen, zahlt die zweite Säule nicht nur Altersrenten aus, sondern im Rahmen der so genannten Risikoversicherung auch Invaliden- und Hinterlassenenrenten. Auf Verfassungsstufe hält Art. 113 die wichtigsten Grundsätze der beruflichen Vorsorge fest, die auch für die Gesetzgebung verbindlich sind.

*«Art. 113 Berufliche Vorsorge*

*1 Der Bund erlässt Vorschriften über die berufliche Vorsorge.*

*2 Er beachtet dabei folgende Grundsätze:*

- a. *Die berufliche Vorsorge ermöglicht zusammen mit der Alters-, Hinterlassenen- und Invalidenversicherung die Fortsetzung der gewohnten Lebenshaltung in angemessener Weise.*
- b. *Die berufliche Vorsorge ist für Arbeitnehmerinnen und Arbeitnehmer obligatorisch; das Gesetz kann Ausnahmen vorsehen.*
- c. *Die Arbeitgeberinnen und Arbeitgeber versichern ihre Arbeitnehmerinnen und Arbeitnehmer bei einer Vorsorgeeinrichtung; soweit erforderlich, ermöglicht ihnen der Bund, die Arbeitnehmerinnen und Arbeitnehmer in einer eidgenössischen Vorsorgeeinrichtung zu versichern.*
- d. *Selbstständigerwerbende können sich freiwillig bei einer Vorsorgeeinrichtung versichern.*

*e. Für bestimmte Gruppen von Selbstständigerwerbenden kann der Bund die berufliche Vorsorge allgemein oder für einzelne Risiken obligatorisch erklären.*

*3 Die berufliche Vorsorge wird durch Beiträge der Versicherten finanziert, wobei die Arbeitgeberinnen und Arbeitgeber mindestens die Hälfte der Beiträge ihrer Arbeitnehmerinnen und Arbeitnehmer bezahlen.*

*4 Vorsorgeeinrichtungen müssen den bundesrechtlichen Mindestanforderungen genügen; der Bund kann für die Lösung besonderer Aufgaben gesamtschweizerische Massnahmen vorsehen.»*

Gestützt auf diese Verfassungsbestimmung wurde das Bundesgesetz über die berufliche Alters-, Hinterlassenen- und Invalidenvorsorge (BVG) ausgearbeitet und auf den 1. Januar 1985 in Kraft gesetzt.

Die ersten Pensionskassen wurden allerdings viel früher gegründet. So entstanden z. B. in einzelnen Kantonen bereits im 19. Jahrhundert Pensionskassen für Beamte und Lehrer. Es folgten dann Pensionskassen in der Industrie zu Beginn des 20. Jahrhunderts. Diese entstanden aber nur, wenn es dem Willen des Arbeitgebers entsprach, und dieser entschied auch über die Finanzierung und die Leistungen. Bei der Ausarbeitung des BVG bestand bereits eine gut ausgebaute berufliche Vorsorge und der Gesetzgeber baute auf diesen bestehenden Pensionskassenstrukturen auf, führte aber neu eine gesetzlich garantierte Minimalvorsorge ein und legte auch fest, wer obligatorisch versichert sein muss. Das BVG definiert Mindestleistungen für das Alter, im Todesfall und bei Invalidität. Die Vorsorgeeinrichtungen sind allerdings frei, auch über das vom Gesetz geforderte Minimum hinauszugehen. Das gesetzliche Minimum wird als Obligatorium (obligatorischer Teil) und das über das gesetzliche Minimum Hinausgehende als Überobligatorium (überobligatorischer Teil) bezeichnet. Das BVG lässt den Vorsorgeeinrichtungen hinsichtlich geeigneter Organisation, Gestaltung und Finanzierung sowohl im Obligatorium als auch im Überobligatorium weitgehend freie Hand. So findet sich denn auch eine Vielzahl von Vorsorgeeinrichtungen unterschiedlicher Grösse und Struktur, welche mehrheitlich privatrechtlich organisiert die berufliche Vorsorge durchführen. Im nachfolgenden Kapitel wird die mit dem BVG 1985 eingeführte Regelung dargestellt. Anschliessend folgen die mit der 1. Revision des Gesetzes am 1. Januar 2005 in Kraft gesetzten Neuerungen.

## Das BVG-Obligatorium

Das BVG-Obligatorium gilt für alle Arbeitnehmerinnen und Arbeitnehmer, die schon in der ersten Säule versichert sind und mindestens CHF 25'320 im Jahr verdienen (Stand bis Ende 2004, vor Inkrafttreten der ersten BVG-Revision). Dieser Betrag stellt die Eintrittsschwelle in das Obligatorium der beruflichen Vorsorge dar. Man spricht auch vom Koordinationsabzug, der jeweils der maximalen AHV-Jahresrente entspricht. Werden die AHV-Renten erhöht, steigt dieser Koordinationsabzug automatisch auch. Die obligatorische Versicherung beginnt mit dem Antritt des Arbeitsverhältnisses, frühestens mit Vollendung des 17. Altersjahres. Bis zum Erreichen des 24. Altersjahres decken die Beiträge nur die Risiken Tod und Invalidität ab. Ab dem Alter von 25 Jahren werden zusätzlich für die Altersrente Beiträge erhoben.

Folgende Personengruppen sind dem Obligatorium nicht unterstellt: Selbständigerwerbende, Arbeitnehmer mit einem befristeten Arbeitsvertrag von höchstens drei Monaten, Familienmitglieder, die im eigenen Landwirtschaftsbetrieb tätig sind, und Personen, die im Sinne der Invalidenversicherung nicht zu 100 Prozent erwerbsfähig sind. In der Regel können sich diese Personengruppen allerdings freiwillig versichern.

### *Die Beiträge an das Alterskapital*

Im Gegensatz zur ersten Säule, die auf dem Umlageverfahren basiert (die einbezahlten Beiträge werden unmittelbar zur Auszahlung der Renten gebraucht), fusst die zweite Säule auf dem Kapitaldeckungsverfahren. Die Beiträge werden über die Dauer der Beitragspflicht dem individuellen Konto gutgeschrieben. Drei Finanzierungsquellen speisen dieses individuelle Konto der Vorsorgeeinrichtungen. Es sind dies die Beiträge und Einkäufe der Versicherten, die Beiträge des Arbeitgebers sowie der Vermögensertrag. Im BVG-Obligatorium berechnen sich die Beiträge auf der Basis des versicherten (koordinierten) Lohnes. Dieser berechnet sich aufgrund des AHV-Lohnes abzüglich des Koordinationsabzuges. Der versicherte Lohn im Obligatorium ist auf ein Maximum begrenzt, das der dreifachen maximalen AHV-Jahresrente entspricht. In Abbildung 15 ist die Berechnung des koordinierten Lohnes dargestellt.

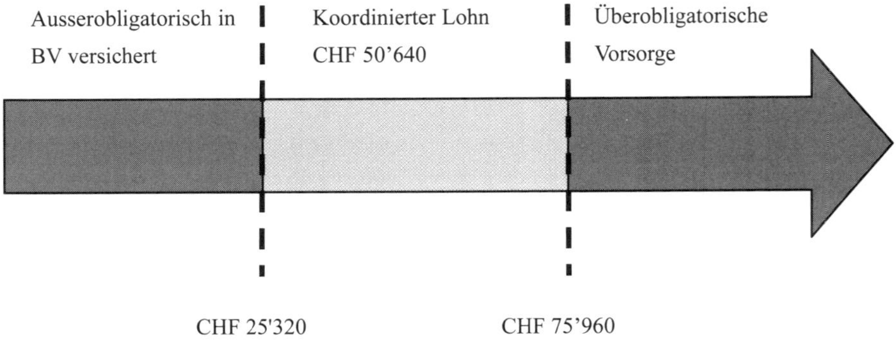


**Abbildung 15:**

Berechnung des koordinierten Lohnes (Stand 2003)
Quelle: Bundesamt für Sozialversicherung
(beschreiben)

Festgelegt wird auch der minimale koordinierte Lohn. Er entspricht einem Achtel des Koordinationsabzuges. Ab Eintritt ins Versicherungsobligatorium wird der koordinierte Lohn auf diesen Betrag aufgerundet, bis er dessen Höhe erreicht. Damit wird erreicht, dass bei einem koordinierten Lohn knapp über dem Koordinationsabzug doch ein signifikanter Beitrag einbezahlt wird. Mit dem Koordinationsabzug soll vermieden werden, dass der bereits durch die AHV gewährleistete Teil nicht doppelt versichert wird. In Tabelle 7 sind die verschiedenen Grenzwerte zusammengestellt.

| **Grenzwerte** | **Stand 2003** |
|---|---|
| Unterer Grenzlohn (entspricht der maximalen AHV-Rente) | CHF 25'320 |
| Oberer Grenzlohn (entspricht der dreifachen maximalen AHV-Rente) | CHF 75'960 |
| Koordinationsabzug (entspricht der maximalen AHV-Rente) | CHF 25'320 |
| Maximal koordinierter Lohn | CHF 50'640 |
| Minimal koordinierter Lohn | CHF 3'165 |

**Tabelle 7:** Zusammenstellung der verschiedenen Grenzwerte
Quelle: Bundesamt für Sozialversicherung

Die Versicherten und die Arbeitgeber zahlen im Obligatorium auf dem koordinierten Lohn Beiträge, wobei die Arbeitgeber mindestens 50% tragen müssen.

Mit den gesamten Beiträgen müssen nicht nur die Altersleistungen (Beitragspflicht ab dem 25. Altersjahr), sondern auch die Versicherungsleistungen bei Tod und Invalidität (Beitragspflicht ab 18. Altersjahr) finanziert werden. Die Altersrente wird in Prozenten des Altersguthabens, das die Versicherten bei Erreichen des Rentenalters erworben haben, berechnet. Das Altersguthaben entspricht der Summe der jährlichen Altersgutschriften inklusive deren Verzinsung. Die jährlichen Altersgutschriften werden in Prozenten des koordinierten Lohnes berechnet und müssen bei Erreichen des Rentenalters 500% des koordinierten Lohnes erreichen, damit die BVG-Rente zusammen mit der AHV 60% des letzten Lohnes beträgt. Die Sparbildung ist dabei nicht gleichmässig auf die Aktivzeit verteilt, sondern das BVG sieht nach Alter die abgestuften Sätze nach Tabelle 8 vor.

Mit dieser Abstufung wollte man bei der Einführung der obligatorischen beruflichen Vorsorge erreichen, dass die Personen, die wegen ihres Alters nicht mehr sehr viele Beitragsjahre haben, trotzdem noch einen signifikanten Beitrag an ihr Altersguthaben beisteuern können. Der Nachteil dieser Regelung besteht allerdings darin, dass dadurch die älteren Arbeitnehmerinnen und Arbeitnehmer bei einer Stellensuche nicht selten benachteiligt werden. Wie diese jährlichen Altersgutschriften finanziert werden, ist Sache der zuständigen Vorsorgeeinrichtungen. Das BVG lässt im Gegensatz zur AHV viel Gestaltungsspielraum. Die Beiträge des Arbeitgebers müssen mindestens gleich hoch sein wie die Beiträge der Arbeitnehmer.

Beim Erreichen des ordentlichen Pensionierungsalters muss das Altersguthaben der versicherten Person mindestens 500% des letzten koordinierten Lohnes entsprechen. Bei einem Sparprozess, der im Normalfall 40 Jahre dauert, spielt dabei die in dieser Zeit angelaufene Teuerung, die sich jeweils «geldentwertend» auf das bereits angesparte Kapital auswirkt, eine wichtige Rolle. Deshalb kommt der Verzinsung dieses Kapitals eine grosse Bedeutung zu. Bei der Schaffung des BVG ging man von einer mittleren Teuerung von jährlich rund 3% aus. Deshalb wurde der Mindestzinssatz auf 4% festgelegt und der Bundesrat erhielt die Kompetenz, diesen bei Bedarf anzupassen. In der Regel sind in Perioden mit höheren Teuerungsraten auch die Bankzinsen überdurchschnittlich hoch und der Kapitalmarkt erlaubt eine Verzinsung des angesparten Kapitals mit 4% und höher. Liegt die Teuerung über mehrere Jahre sehr tief, braucht es zur Erreichung des Sparziels (500% des letzten koordinierten Lohnes) auch nicht eine Mindestverzinsung von 4% und diese kann gesenkt werden, wenn die Verhältnisse auf dem Kapitalmarkt dies erfordern.

Bei der Finanzierung legt das BVG fest, was erbracht werden muss, damit mindestens das Sparziel bei der Pensionierung erreicht ist. Dieses Ziel darf nicht unterschritten, aber sehr wohl überschritten werden. Im Reglement der jeweiligen Vorsorgeeinrichtung werden diese weiter gehenden Leistungen festgehalten. Die Reglemente der Vorsorgeeinrichtungen sind von den zuständigen Aufsichtsbehörden zu genehmigen.

### *Die Beiträge für die Risikoversicherung*

Die Invaliden- und Hinterlassenenrenten (Risikoversicherung) werden nach dem Versicherungsprinzip finanziert. Die Beiträge werden nach versicherungsmathematischen Grundsätzen berechnet. In der Regel kann davon ausgegangen werden, dass die Beiträge zwischen 2,5% und 3,5% des versicherten Lohnes liegen. Die Risikoprämien liegen beispielsweise für die Versicherten der Baubranche höher als für Büroangestellte. Auch liegen sie bei Männern in der Regel höher als bei Frauen.

### *Die Beiträge an die Sondermassnahmen*

Ein Prozent des koordinierten Lohnes wird für Sondermassnahmen eingesetzt. Damit werden zusätzliche Altersgutschriften für die Eintrittsgeneration finanziert. Zu dieser Generation gehören alle, die bei der Einführung des BVG im Jahre 1985 das 25. Altersjahr schon überschritten hatten und deshalb bis zur Pensionierung die maximale Versicherungszeit nicht erreichen können. Mit dem finanziellen Zuschuss sollen auch sie die vollen Leistungen erhalten.

### *Die Beiträge an den Sicherheitsfonds*

Diese Beiträge fliessen in den gesamtschweizerischen Sicherheitsfonds, der für Leistungen aufkommt, wenn die Arbeitgeberfirma die Prämien nicht mehr bezahlen kann oder wenn die Vorsorgeeinrichtung zahlungsunfähig wird. Die Sicherheitsfonds garantieren die versprochenen obligatorischen Leistungen. Tabelle 8 gibt den Gesamtüberblick über die Beiträge in Prozenten des koordinierten Lohnes.

| Alter | | Alters-gutschriften | Risiko-versicherung | Teuerungs-ausgleich (1) | Sondermassnahmen (2) und Sicherheits-fonds (3) | Total ca. % |
|---|---|---|---|---|---|---|
| Mann | Frau | | | | | |
| 18–24 | 18–24 | - | | - | - | 2–3 |
| 25–34 | 25–31 | 7 | 2–6 | 0,2 | 1,0 (2) 0,1 (3) | 10–12 |
| 35–44 | 32–41 | 10 | | | | 14–16 |
| 45–54 | 42–51 | 15 | | | | 19–21 |
| 55–65 | 52–62 | 18 | | | | 22–24 |

**Tabelle 8:** Gesamtüberblick über die Beiträge in Prozenten des koordinierten Lohnes (Stand 2004)
Quelle: Rentenanstalt – Swiss Life

(1) Anpassung der Risikoleistungen an die Teuerung
(2) - Verbesserung der Leistungen für die Eintrittsgeneration
- evtl. Anpassung der Altersrente an die Teuerung
(3) - Zuschüsse an Vorsorgeeinrichtungen mit ungünstiger Altersstruktur
- Sicherstellung der Leistungen einer zahlungsunfähigen Vorsorgeeinrichtung

### *Die Leistungen*

Das BVG als Rahmengesetz legt die Mindestleistungen (Obligatorium) genau fest. Es lässt indessen Spielraum für weiter gehende Leistungen offen.

Die Leistungen umfassen die Altersvorsorge, die Invalidenvorsorge und die Hinterlassenenvorsorge.

## Die Altersvorsorge

Das bis zur Pensionierung kumulierte Altersguthaben dient als Basis zur Berechnung der Altersleistungen. Allgemein spricht man vom Beitragsprimat, weil die Altersrente von den einbezahlten Beiträgen bestimmt wird. Praktisch alle privatrechtlichen Vorsorgeeinrichtungen kennen das Beitragsprimat. Viele öffentlich-rechtliche Vorsorgeeinrichtungen kennen noch das Leistungsprimat, bei dem die Altersrente in Prozenten des letzten Lohnes festgelegt wird. Immer mehr wechseln diese aber ebenfalls auf das Beitragsprimat. Ausgehend von der mittleren Lebenserwartung wird der so genannte Umwandlungssatz festgelegt. Dieser legt fest, wie viele Prozente des Altersguthabens jährlich als Rente ausbezahlt werden können, damit das Geld bis zum Lebensende ausreicht. Dieser Satz wurde auf 7,2% (Stand bis Ende 2004) festgelegt. Mit steigender Lebenserwartung muss eine Senkung vorgenommen werden, es sei denn, die Beiträge werden noch oben angepasst. In Tabelle 9 sind die Altersleistungen aufgeführt.

| Altersleistung | Voraussetzungen | Höhe |
|---|---|---|
| Altersrente | Erreichen des Rentenalters (65 Jahre für Männer; 62/63 Jahre für Frauen) | Jährliche Altersrente entspricht 7,2 Prozent des angesparten Altersguthabens |
| Kinderrente | AltersrentnerInnen mit Kindern, die unter 18 Jahren sind, noch in Ausbildung stehen oder zu mindestens zwei Dritteln invalid sind, längstens aber bis zur Vollendung des 25. Altersjahres | 20 Prozent der Altersrente pro Kind jährlich |
| **Besonderheit:** Vorzeitige Pensionierung | Abhängig von den Bestimmungen im Reglement der Vorsorgeeinrichtung: Bis maximal 5 Jahre vor dem Erreichen des ordentlichen Rentenalters möglich | |
| **Besonderheit:** Kapitalleistung | Abhängig von den Bestimmungen im Reglement der Vorsorgeeinrichtung: Bezug bis spätestens 3 Jahre vor Entstehen des Anspruchs auf Altersleistungen angemeldet | Einmalige Ausrichtung |

**Tabelle 9:** Altersleistungen, die das BVG vorsieht
Quelle: Bundesamt für Sozialversicherung

Die Altersrente kann im BVG auch vor Erreichen des ordentlichen Rentenalters bezogen werden. Dies mit einer entsprechenden, versicherungsmathematisch korrekt errechneten Kürzung. Die vorzeitige Pensionierung ist allerdings nur möglich, wenn die Vorsorgeeinrichtung diese in ihrem Reglement vorsieht. In der Praxis können die Frauen und Männer bis fünf Jahre vor dem ordentlichen Rentenalter die Altersleistung beziehen, sofern sie die Erwerbstätigkeit aufgeben. Anstelle der Altersrente kann die Vorsorgeeinrichtung in ihrem Reglement auch eine Kapitalauszahlung vorsehen. Wer an einem solchen einmaligen Bezug interessiert ist, muss eine entsprechende Erklärung spätestens drei Jahre vor dem Entstehen des Rentenanspruchs abgeben. Ein Barbezug des Alterskapitals ist zudem möglich, wenn eine obligatorisch versicherte Person die Schweiz endgültig verlässt; wenn eine obligatorisch versicherte Person eine selbständige Erwerbstätigkeit aufnimmt und der obligatorischen beruflichen Vorsorge nicht mehr untersteht, oder auch, wenn die Austrittsleistung weniger als einen Jahresbeitrag beträgt.

## Die Invalidenvorsorge

Bei Invalidität infolge eines Unfalls oder einer Krankheit im Sinne der Invalidengesetzgebung richtet die Vorsorgeeinrichtung eine Invalidenrente sowie Kinderrenten aus.

Um die Invalidenrente zu berechnen, wird das Altersguthaben hochgerechnet, d. h., zum Altersguthaben, welches zum Zeitpunkt des Vorsorgefalles angespart wurde, werden die künftigen hypothetischen Altersgutschriften ohne Zins addiert. In Tabelle 10 sind die Leistungen der Invalidenvorsorge dargestellt.

| Invalidenleistung | Voraussetzungen | Höhe |
|---|---|---|
| Invalidenrente | Invaliditätsgrad von mindestens 50 Prozent.<br>Bei einer Invalidität von 50 Prozent wird eine halbe Rente und bei einer Invalidität von 2/3 wird eine ganze Rente ausgerichtet | Jährliche Invalidenrente entspricht 7, 2 Prozent des hochgerechneten Altersguthabens |
| Kinderrente | LeistungsbezügerInnen mit Kindern, die unter 18 Jahren sind, noch in Ausbildung stehen oder zu mindestens zwei Dritteln invalid sind, längstens aber bis zur Vollendung des 25. Altersjahres | 20 Prozent der Invalidenrente |
| **Besonderheit:**<br>Kapitalabfindung | Abhängig von den Bestimmungen im Reglement der Vorsorgeeinrichtung: Kapitalbezug möglich | Einmalige Ausrichtung |

**Tabelle 10:** Leistungen der Invalidenvorsorge
Quelle: Bundesamt für Sozialversicherung

### Die Hinterlassenenvorsorge

Eine Witwenrente erhält die Witwe, wenn sie für den Unterhalt ihrer Kinder sorgen muss oder wenn sie mindestens 45 Jahre alt ist und die Ehe fünf Jahre oder länger gedauert hat. Erfüllt die Witwe diese Voraussetzungen nicht, erhält sie eine einmalige Abfindung von drei Jahresrenten. Bei Wiederverheiratung erlischt der Anspruch auf eine Witwenrente.

Die geschiedene Frau hat nach dem Tod ihres geschiedenen Ehemannes genauso Anspruch auf eine Witwenrente, sofern die Ehe mindestens 10 Jahre gedauert hat und der geschiedene Gatte Unterhaltungsleistungen zahlen musste. Falls der Verstorbene noch keine Alters- oder Invalidenrente bezogen hat, berechnet sich die Witwenrente auf der Grundlage einer Invalidenrente, auf die der Versicherte Anspruch gehabt hätte, wenn er invalid geworden wäre. Auf dieser Basis wird auch die Waisenrente errechnet. Das Reglement der Vorsorgeeinrichtung kann auch Leistungen für Witwer vorsehen. In Tabelle 11 sind die Leistungen der Hinterlassenenvorsorge aufgeführt.

| **Hinterlassenen-leistung** | **Voraussetzungen** | **Höhe** |
|---|---|---|
| Witwenrente | Unterhaltspflichtige Kinder oder die Witwe ist mindestens 45 Jahre alt und die Ehe dauerte fünf Jahre oder länger | 60 Prozent der bezogenen Alters- oder vollen Invalidenrente respektive die volle Invalidenrente, auf welche der Verstorbene bei Invalidität Anspruch gehabt hätte |
| Kapitalabfindung der Witwe | Wenn kein Anspruch auf eine Witwenrente besteht | 3 Jahresrenten als einmalige Kapitalabfindung |
| Waisenrente | Altersrentner mit Kindern, die unter 18 Jahren sind, noch in Ausbildung stehen oder zu zwei Dritteln invalid sind, längstens aber bis zur Vollendung des 25. Altersjahres | 20 Prozent der vollen Invaliden-/ Altersrente |
| **Besonderheit:** Kapitalabfindung | Abhängig von den Bestimmungen im Reglement der Vorsorgeeinrichtung: Kapitalbezug möglich | Einmalige Ausrichtung |

**Tabelle 11:** Leistungen der Hinterlassenenvorsorge
Quelle: Bundesamt für Sozialversicherung

### *Überentschädigungen*

Liegen Leistungen aus der Unfallversicherung oder der Militärversicherung vor, werden diese grundsätzlich zuerst ausgerichtet, auch wenn für den gleichen Versicherungsfall eine Leistungspflicht des BVG besteht. Zusätzliche Leistungen der Invaliden- und Hinterlassenenvorsorge nach BVG werden nur dann ausgerichtet, wenn diese Leistungen zusammen mit den andern Einkünften 90% des mutmasslichen entgangenen Verdienstes nicht überschreiten. Wird diese Grenze überschritten, werden die Invaliden- und Hinterlassenenleistungen nach BVG in diesem Umfang gekürzt. Sinn dieser Regelung ist es Überentschädigungen zu vermeiden. Die Versicherten sollen durch die Leistungspflicht der verschiedenen Versicherungen nicht besser gestellt sein als im Erwerbsfall.

### *Anpassung der Leistungen an die Teuerung*

Das BVG sieht keine Anpassung der Altersrenten an die Teuerung vor. Die Vorsorgeeinrichtungen können in ihren Reglementen solche vorsehen und die Höhe der Anpassungen nach den verfügbaren Mitteln ausrichten. Hat z.B. eine Vorsorgeeinrichtung sehr hohe Kapitalerträge erwirtschaftet, die weit über dem Mindestzinssatz liegen, können diese für den Teuerungsausgleich verwendet werden.

Zwingend müssen die Risikorenten, d.h. die Invaliden- und Hinterlassenenrenten regelmässig der Preisentwicklung angepasst werden.

### *Die Wohnbauförderung*

Im Jahre 1993 erliess der Gesetzgeber das Bundesgesetz über die Wohnbauförderung mit Mitteln der beruflichen Vorsorge. Pensionskassengelder können zum Erwerb von Wohneigentum vorbezogen oder verpfändet werden. Wer eine Liegenschaft zu Wohnzwecken kaufen oder bauen will, hat so die Möglichkeit, von der Vorsorgeeinrichtung Gelder als Eigenkapital zu beziehen oder ein aufgenommenes Darlehen durch eine Verpfändung der Ansprüche gegenüber der Vorsorgeeinrichtung sicherzustellen. Bis zum 50. Lebensjahr kann dafür das gesamte Kapital bezogen werden, darüber hinaus ein reduzierter Betrag.

### *Die Freizügigkeitsleistungen*

Verlassen die Versicherten vor einem Vorsorgefall (Alter, Tod oder Invalidität) die Vorsorgeeinrichtung, haben sie Anspruch auf die Austrittsleistung. Man spricht vom so genannten Freizügigkeitsfall. Bei der Einführung des BVG im Jahre 1985 wurde der Austritt aus einer Vorsorgeeinrichtung nicht klar geregelt. Dies führte dazu, dass bei einem Stellenwechsel meistens nur das vom Arbeitnehmenden einbezahlte Kapital mitgegeben wurde. Dies führte dazu, dass ältere Arbeitnehmer regelrecht an ihre Firma gebunden waren. Man sprach von «goldenen Fesseln». Der Gesetzgeber erliess deshalb im Jahre 1993 das Bundesgesetz über die Freizügigkeit in der beruflichen Alters-, Hinterlassenen- und Invalidenvorsorge (FZG). Laut diesem muss seither das gesamte Alterskapital mitgegeben werden. Der Freizügigkeitsfall kann sowohl bei einem Stellenwechsel als auch dann vorliegen, wenn die Versicherten nicht unmittelbar nach Austritt aus der Vorsorgeeinrichtung eine neue Stelle antreten. Beim Stellenwechsel überweist die bisherige Vorsorgeeinrichtung die Austrittsleistung an die Vorsorgeeinrichtung des neuen Arbeitgebers. Im andern Fall muss die versicherte Person der Vorsorgeeinrichtung mitteilen, auf welche Freizügigkeitseinrichtung die Austrittsleistung zu überweisen ist. Der Versicherte hat die Wahl zwischen einem auf seinen Namen lautenden Freizügigkeitskonto bei einer Bankstiftung oder einer zu seinen Gunsten errichteten Freizügigkeitspolice bei einer Versicherungsgesellschaft. Der Vorsorgschutz bleibt so erhalten.

Bleibt die Vorsorgeeinrichtung ohne Nachricht der versicherten Person, wohin die Austrittsleistung zu überweisen ist, wird das Geld spätestens nach 2 Jahren an die Auffangeinrichtung ( siehe Seite 77) überwiesen.

Bei der Suche nach vergessenen Guthaben bei Einrichtungen der beruflichen Vorsorge können sich die Versicherten an die Zentralstelle der zweiten Säule wenden, die ihnen Auskunft erteilt, welche Einrichtungen sie betreffende Vorsorgeguthaben, Freizügigkeitskonten oder -policen führen könnten. Die Vorsorgeeinrichtungen und die Freizügigkeitseinrichtungen sind verpflichtet, der Zentralstelle jährlich zu melden, wenn sie Vorsorgekapitalien ohne Nachricht der berechtigten Personen führen.

### *Durchführung und Organisation*

Jede Arbeitgeberfirma, die obligatorisch zu versichernde Arbeitnehmer beschäftigt, errichtet eine Vorsorgeeinrichtung (Pensionskasse) oder schliesst sich einer Sammel- oder Gemeinschaftseinrichtung an. In diesen Einrichtungen, meistens geführt von Banken, Versicherungen oder Branchenverbänden, werden verschiedene Firmen mit gleichen oder verschiedenen Versicherungsplänen versichert. Über den Anschluss wie auch die Ausgestaltung des Versicherungsverhältnisses entscheiden Arbeitnehmer und Arbeitgeber paritätisch. Die Arbeitgeberfirma muss somit in zentralen Fragen das Einverständnis der Arbeitnehmer einholen, resp. das aus Arbeitnehmenden und Arbeitgebenden paritätisch zusammengesetzte Verwaltungsorgan (Verwaltungsrat, Stiftungsrat) entscheidet autonom und unabhängig.

Sehr viele mittlere und grosse Unternehmen errichten in der Regel allein oder gemeinsam mit einigen wenigen Arbeitgebern eigene autonome Vorsorgeeinrichtungen (Pensionskassen).

Kleine Firmen und sehr viele Gewerbebetriebe schliessen sich Sammeleinrichtungen an, die für beliebige, voneinander unabhängige Arbeitgeber die berufliche Vorsorge durchführen. Die einzelnen Firmen und Gewerbebetriebe unterzeichnen einen Anschlussvertrag und bilden je ein Vorsorgewerk innerhalb der Sammeleinrichtung, welches wiederum mehrere Vorsorgepläne, z. B. einen für das BVG-Minimum und einen für freiwillige Zusatzleistungen beinhalten kann. Für jedes Vorsorgewerk wird eine eigene Rechnung über die Finanzierung, die Leistungen und die Vermögensverwaltung erstellt. Sammeleinrichtungen werden im Allgemeinen von Banken, Versicherungen und Treuhandfirmen geführt.

Die Verwaltungsform der Gemeinschaftseinrichtung wird meistens von einem Verband gewählt. Damit wird dem Verbandsmitglied die Möglichkeit gegeben, auf eine eigene Vorsorgeeinrichtung zu verzichten. Anders als bei den Sammeleinrichtungen werden die einzelnen Anschlüsse nicht getrennt, sondern in der Regel gemeinsam geführt. Es besteht ein gemeinsames Vorsorgevermögen und meistens auch ein für alle angeschlossenen Arbeitgeber gültiges gemeinsames Reglement mit einheitlichen Vorsorgeplänen. Da das BVG sehr viel an Gestaltungsspielraum zulässt, sind neben diesen drei wichtigsten Verwaltungsformen (autonome Pensionskasse, Sammeleinrichtung, Gemeinschaftseinrichtung) auch gelegentlich Mischformen anzutreffen, auf die hier nicht näher eingegangen wird. Vorsorgeeinrichtungen, die über das BVG-Obligatorium hinaus Leistungen ausrichten (Überobligatorium), werden umhüllende Vorsorgeeinrichtungen oder kurz umhüllende Kassen genannt. Institutionen, die ausschliesslich die überobligatorische Vorsorge anbieten, die oftmals auch Säule 2b genannt wird, sind dem BVG nicht unterstellt. In der Regel wird diese von Erwerbstätigen beansprucht, die für die gesetzliche Minimalvorsorge bereits einer andern Vorsorgeeinrichtung angeschlossen sind. Bezüglich der Rechtsform wird zwischen privatrechtlichen und öffentlichrechtlichen Vorsorgeeinrichtungen unterschieden. Da bei der Einführung des BVG schon eine Vielzahl von Vorsorgeeinrichtungen existierten und sich als Stiftungen oder Genossenschaften auf das Obligationenrecht abstützten, wurde bewusst auf eine neue Rechtsform im BVG verzichtet. Somit bestehen auch heute eine Vielzahl privatrechtliche Vorsorgeeinrichtungen. Wie schon der Name sagt, kommen öffentlichrechtliche Vorsorgeeinrichtungen nur für Arbeitnehmer von Bund, Kantonen, Gemeinden und anderen öffentlichrechtlichen Arbeitgebern, wie zum Beispiel Regiebetriebe des Bundes, in Frage.

### *Die Aufsicht und Informationspflicht*

Vorsorgeeinrichtungen, welche die Personalvorsorge im Sinne des BVG durchführen, müssen sich in das Register für die berufliche Vorsorge eintragen. Eine anerkannte Kontrollstelle (Treuhandstelle) prüft jährlich die Geschäftsführung, das Rechnungswesen und die Vermögenslage. In periodischen Abständen erfolgt eine Überprüfung durch einen Pensionskassenexperten. Die kantonalen Aufsichtsbehörden überwachen die Einhaltung der gesetzlichen und reglementarischen Vorschriften. Die Oberaufsicht über die verschiedenen Behörden üben der Bundesrat und das Bundesamt für Sozialversicherung aus.

Eine besondere Bedeutung kommt der Informationspflicht des paritätischen Verwaltungsorgans ( paritätisch zusammengesetzt aus Arbeitgeber- und Arbeitnehmervertretungen ) zu. Dieses muss den Versicherten die Vermögenslage, die Tätigkeit der Organe, den Stand ihrer persönlichen Vorsorge und den aktuellen Freizügigkeitsanspruch mindestens alle drei Jahre mitteilen.

### *Die Anlagevorschriften*

Grundsätzlich sind die Vorsorgeeinrichtungen in der Wahl ihrer Vermögensanlage frei. In der Ausführungsverordnung des Bundesrates (BVV2, Art 44) sind aber gewisse Rahmenbedingungen festgehalten. So haben Vorsorgeeinrichtungen darauf zu achten, dass die Sicherheit und die Risikoverteilung im Vordergrund stehen, dass aus der Vermögensanlage ein dem Geld-, Kapital- und Immobilienmarkt entsprechender Ertrag erzielt wird und die Liquidität jederzeit gewährleistet ist. Das paritätische Organ hat die Ziele und Grundsätze, die Durchführung und Überwachung der Vermögensanlage nachvollziehbar festzulegen.

Ebenfalls in der erwähnten Verordnung (BVV 2, Art. 53) werden die zulässigen Anlagen abschliessend aufgezählt, und zwar vom Bargeld bis hin zu der Beteiligung an einem Unternehmen im Ausland. Zudem werden im Gesetz Obergrenzen für Anlagen festgelegt, die in Abbildung 16 aufgeführt sind. Diese gesetzlichen Obergrenzen sind immer noch aktuell, allerdings hat der Bundesrat im Jahre 2000 die in der Verordnung festgelegten Anlagevorschriften derart angepasst, dass unter gewissen Bedingungen die festen gesetzlichen Grenzen überschritten werden können, dies aber nur, wenn die Sicherheit gleichzeitig verstärkt wird.

| Anlagevorschriften | Zulässiger Höchstbetrag (in % der Bilanzsumme) | Gesamtbegrenzung (in % der Bilanzsumme) |
|---|---|---|
| **Anlagen in der Schweiz** | | |
| Forderungen aller Art (bis 15% je Schuldner; bei Bund, Kantonen, Banken und Versicherungen bis 100%) | 100 | |
| Grundpfandtitel (bis 80% des Verkehrswertes) | 75 | |
| Liegenschaften und Immobiliengesellschaften | 50 | |
| Aktien und ähnliche Wertschriften (bis 10% je Gesellschaft) | 30 | |
| | | |
| **Anlagen im Ausland** | | |
| Aktien und ähnliche Wertschriften, kotiert an einer Börse (bis 5% je Gesellschaft) | 25 | |
| Fremdwährung, konvertibel (bis 5% je Schuldner) | 20 | |
| Forderungen (bis 5% je Schuldner) | 30 | |
| Liegenschaften und Immobiliengesellschaften | 5 | |
| | | |
| **Arbeitgeber** | | |
| Ungesicherte Forderungen inkl. Aktien (max. aber jener Teil des Vermögens, der nicht zur Deckung der Freizügigkeitsleistungen und der laufenden Renten dient) | 20 | |
| Gesicherte Forderungen | 100 | |
| Aktien | 10 | |

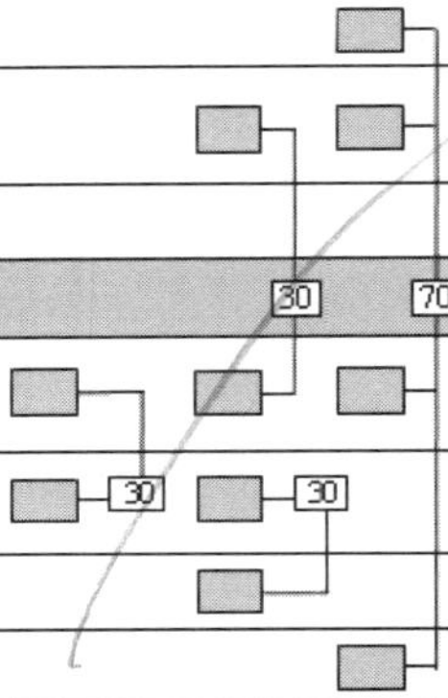


**Abbildung 16**: BVG-Anlagevorschriften
Quelle: Bundesamt für Sozialversicherung

### *Die Auffangeinrichtung und der Sicherheitsfonds*

Neben den üblichen Organen der Durchführung der beruflichen Vorsorge gibt es zwei wichtige Träger der beruflichen Vorsorge: die Auffangeinrichtung und den Sicherheitsfonds.

Die **Auffangeinrichtung** ist eine privatrechtliche Stiftung, die paritätisch von den Dachorganisationen der Arbeitgeberseite und der Arbeitnehmerseite verwaltet wird. Ihre Aufgaben sind insbesondere folgende:

- Arbeitgeber, die ihrer Pflicht zum Anschluss an eine Vorsorgeeinrichtung nicht nachgekommen sind, anzuschliessen,
- Arbeitgeber auf eigenes Begehren anzuschliessen,
- Personen als freiwillige Versicherte aufzunehmen,
- für Arbeitgeber, die noch nicht an einer Vorsorgeeinrichtung angeschlossen sind, die gesetzlichen Leistungen zu erbringen,
- Arbeitslose gegen die Risiken Tod und Invalidität zu versichern.

Die Auffangeinrichtung ist im Prinzip ein Auffangnetz für alle Arbeitnehmer, die der obligatorischen Versicherungspflicht unterstellt sind, die aber vom Arbeitgeber nicht oder noch nicht wahrgenommen wurde. Dazu gesellen sich noch einige weitere Aufgaben, die mangels anderweitiger Zuständigkeit ihr zufallen.

Die Finanzierung erfolgt durch die Beteiligten, deshalb wird die Auffangeinrichtung auch als Sammelstiftung angesehen.

Der **Sicherheitsfonds** ist eine öffentlichrechtliche Stiftung, die vom Bundesrat errichtet wurde. Seine Aufgaben sind:

- Ausrichtung von Zuschüssen an jene Vorsorgeeinrichtungen, die eine ungünstige Altersstruktur aufweisen,
- Sicherstellung der gesetzlichen Leistungen zahlungsunfähiger Vorsorgeeinrichtungen,
- Sicherstellung der über die gesetzlichen Leistungen hinausgehenden reglementarischen Leistungen zahlungsunfähiger Vorsorgeeinrichtungen, soweit diese Leistungen auf Vorsorgeverhältnissen beruhen, auf die das Freizügigkeitsgesetz vom 17. Dezember 1993 anwendbar ist,
- Übernahme gewisser Kosten der Auffangeinrichtung,
- Führung eines Verzeichnisses der dem Freizügigkeitsgesetz unterstellten Vorsorgeeinrichtungen,
- Führung und Verwaltung eines Registers der vergessenen Guthaben, Freizügigkeitskonten und -policen.

Dem Sicherheitsfonds kommt die Funktion einer Behörde zu. Finanziert wird der Sicherheitsfonds über Beiträge, erhoben auf dem koordinierten Lohn (siehe auch Tabelle 8, S. 69).

## Die erste BVG-Revision

Zwanzig Jahre nach der Einführung der obligatorischen beruflichen Vorsorge trat auf den 1. Januar 2005 die erste BVG-Revision in Kraft. Diese hatte somit wesentlich länger auf sich warten lassen, als dies bei der AHV der Fall war, obwohl Wünsche und Forderungen nach Verbesserungen schon früh angebracht wurden. So wurde von Arbeitnehmerseite gefordert, dass auch Personen mit tiefen Einkommen und Teilzeitbeschäftigte in den Genuss der obligatorischen beruflichen Vorsorge kommen sollten. Die Vorsorgeeinrichtungen forderten einerseits die Senkung des Umwandlungssatzes um der steigenden Lebenserwartung Rechnung zu tragen und andrerseits verlangten sie eine Anpassung des Mindestzinssatzes an die «realistischen» Zinssätze auf den Kapitalmärkten, nachdem diese nach einer Hochzinsphase unter die 4 Prozent sanken. Bei der Diskussion um den Mindestzinssatz wurde insbesondere bemängelt, dass einige Sammeleinrichtungen nicht schlüssig darlegen konnten oder wollten, wo die Kapitalerträge in der Zeit der Hochzinsphase hingeflossen waren. Die paritätische Verwaltung auch der Sammelstiftungen und mehr Transparenz wurden als Folge gefordert. Weiter wurde die mangelnde Koordination des Rentenalters zwischen den Vorsorgesäulen kritisiert. Mit der ersten BVG-Revision wurden diese Wünsche und Forderungen teilweise bis weitgehend erfüllt. Nachfolgend werden die einzelnen Massnahmen aufgeführt, die am 1. Januar 2005 in Kraft traten.

### *Die Herabsetzung der Eintrittsschwelle*

Alle Arbeitnehmer, deren Jahreslohn mindestens CHF 19'350 beträgt, sind neu obligatorisch in der beruflichen Vorsorge versichert. Bis zum Einkommen von jährlich CHF 25'800 beträgt der koordinierte Lohn CHF 3225 und auf diesem Betrag werden die Beiträge erhoben. Dadurch wurden rund 100'000 Personen neu versichert, die meisten davon Frauen.

### *Die Senkung des Umwandlungssatzes*

Ab dem Inkrafttreten des BVG betrug der Umwandlungssatz unverändert 7,2 %, dies, obwohl die Lebenserwartung stetig anstieg. Dies bedeutet, dass zwanzig Jahre später im Durchschnitt pro Person ein bedeutend höherer Gesamtrentenbetrag ausbezahlt werden musste als bei der Einführung des BVG. Da die Absenkung des Umwandlungssatzes eine Rentenkürzung bedeutet, beschloss das Parlament eine schrittweise Reduktion von 0,05% pro Jahr auf 6,8% im Jahre 2012. Eine weitere Absenkung unter 6,8% erfordert dann erneut einen Parlamentsbeschluss. Um die Höhe der Jahresrenten zu sichern, wählte man den Weg über das sehr langsame Absenken des Umwandlungssatzes mit der gleichzeitigen Erhöhung der Beiträge über die Herabsetzung des Koordinationsabzuges. Die erste Absenkung auf 7,15% erfolgte am 1. Januar 2005.

### *Die Herabsetzung des Koordinationsabzuges*

Für alle bereits obligatorisch Versicherten wurde der Koordinationsabzug von CHF 25'800 auf CHF 22'575 herabgesetzt. Dadurch erhöhte sich der koordinierte Lohn, auf dem Beiträge zu entrichten sind. Mit dieser Massnahme werden die durch die Absenkung des Umwandlungssatzes verursachten Rentenkürzungen weitgehend kompensiert. Da eine Erhöhung der Beiträge erst nach Jahren auf das angesparte Alterskapital signifikante Auswirkungen hat, musste eine über Jahre verteilte und in kleinen Schritten ausgeführte Absenkung des Umwandlungssatzes vorgenommen werden.

### *Die Anpassung des Mindestzinssatzes*

Die Vorsorgeeinrichtungen müssen jedem Versicherten auf seinem Guthaben einen vorgeschriebenen Zins berechnen. Von 1985 bis Ende 2002 lag dieser bei 4%. Zuständig für eine Anpassung nach oben oder nach unten ist der Bundesrat, der erstmals im Jahre 2002 eine Absenkung beschloss. Seit dem 1. Januar 2005 beträgt dieser 2,25 %. Dies führte zu grossen politischen Diskussionen, die das Parlament bewogen, das Verfahren genauer zu regeln. Neu muss der Mindestzinssatz alle zwei Jahre überprüft werden und sich viel stärker an den tatsächlich auf den Kapitalmärkten erzielten Erträgen orientieren.

### *Das Rentenalter*

Mit der 10. AHV-Revision wurde das ordentliche Rentenalter der Frau im Jahre 2001 auf 63 und im Jahre 2005 auf 64 Jahre angehoben. Die 11. AHV-Revision sah eine Angleichung des Frauenrentenalters an dasjenige des Mannes, also auf 65 Jahre im Jahre 2009 vor und gleichzeitig sollte ein Rentenvorbezug ab 59 Jahren und ein Rentenaufschub auf 70 Jahre ermöglicht werden. Die 11. AHV-Revision wurde abgelehnt und es ist noch nicht klar, ob die Rentenaltersfrage im Parlament bald wieder zur Diskussion steht. Im BVG wurde das ordentliche Rentenalter der Frau auf 62 Jahre gesetzt, dies analog zur damaligen Regelung in der AHV. Als erster Schritt wurde auf den 1. Januar 2005 das ordentliche Rentenalter der Frau in der beruflichen Vorsorge auf 64 Jahre erhöht. Sollte das Rentenalter der Frau auf das Jahr 2009 doch noch auf 65 Jahre angehoben werden, wird dies ebenfalls in der beruflichen Vorsorge vollzogen. Künftig sollte es keine Differenzen mehr geben zwischen der ersten und der zweiten Säule und zwangsläufig auch nicht mit der dritten Säule, die die gleiche Regelung kennt wie die berufliche Vorsorge.

### *Neuerungen bei den Leistungen*

Neu wurde auch im BVG die Witwerrente eingeführt. Witwer erhalten somit zu den gleichen Bedingungen Leistungen wie die Witwen. Im BVG findet - anders als in der AHV - ausser bei Scheidung kein Splitting der Guthaben auf beide Ehegatten statt. Das BVG definiert neu, für welche Personen die Reglemente der Vorsorgeeinrichtungen beim Tod eines Versicherten Leistungen vorsehen können. Dies betrifft insbesondere überlebende Konkubinatspartner, sofern das Konkubinat mindestens fünf Jahre vor dem Tod der versicherten Person bestanden hat oder gemeinsame Kinder zu versorgen sind.

Bei den BVG-Invalidenleistungen wurde neu die gleiche Teilrentenabstufung eingeführt wie in der geltenden Regelung der Invalidenversicherung, also die Viertels-, Halb-, Dreiviertels- und Vollrente.

Statt die ganze Altersrente als Kapital zu beziehen, haben Versicherte das neu im BVG geregelte Recht ein Viertel davon als Kapital zu beziehen. Die Vorsorgeeinrichtungen können weiterhin höhere Kapitalbezüge in ihren Reglementen vorsehen.

### *Neue Einkaufsregelungen*

Die Einkaufsbeschränkungen, die zum Teil als kompliziert und willkürlich kritisiert worden waren, wurden mit der ersten BVG-Revision aufgehoben. Mit ihnen wurde die Summe begrenzt, die Versicherte freiwillig in ihre Vorsorgeeinrichtung einzahlen konnten, wenn sie Lücken in ihrer Vorsorge hatten oder wenn jemand bisher selbständig war und keine berufliche Vorsorge hatte. Neu wird hingegen der Jahreslohn begrenzt, der für eine Person nach dem Reglement höchstens versichert werden kann und somit auch die Steuerbefreiung der Beiträge erfährt. Die Grenze liegt bei CHF 774'000, was dem 10fachen oberen Grenzbetrag des BVG entspricht (Stand 1. Januar 2006).

### *Transparenz und Parität*

Die Diskussionen um die Anpassung des Umwandlungssatzes an die gestiegene Lebenserwartung und die Herabsetzung des Mindestzinssatzes haben gezeigt, dass Verunsicherungen und Misstrauen entstehen, wenn Menschen mit Entscheiden konfrontiert werden, die sie nicht nachvollziehen können, weil ihnen zu wenig Informationen zur Verfügung stehen. Bei Versicherten jener Vorsorgeeinrichtungen, die seit Jahren gut über ihre finanzielle Situation informierten und Entscheide nachvollziehbar kommunizierten, entstand wesentlich weniger Misstrauen. Sie wussten Bescheid darüber, inwieweit z. B. Gewinne aus der Hochzinsphase zu ihren Gunsten eingesetzt wurden. Insbesondere bei einigen Sammelstiftungen fehlte diese notwendige Transparenz und zum Teil bei den Verantwortlichen auch die Einsicht für deren Notwendigkeit.

Diese Diskussionen blieben nicht ohne Wirkung auf die erste BVG-Revision, indem nun wesentliche Verbesserungen bei der Information der Versicherten und der Arbeitnehmer- und Arbeitgebervertreter vorgenommen wurden.

Das schweizerische System der beruflichen Vorsorge stellt auf die Sozialpartnerschaft, das Zusammenwirken von Arbeitnehmern und Arbeitgebern ab. Zusammen bilden sie das paritätische Organ, das die Verantwortung für die Vorsorgeeinrichtung trägt. Bei den autonomen Vorsorgeeinrichtungen funktionierte dies stets sehr gut. Intransparenz entstand bei den Sammeleinrichtungen, weil die paritätischen Organe der angeschlossenen Vorsorgewerke kaum Zugang hatten zu den Daten und Zahlen der Sammeleinrichtungen. Neu erhalten die paritätischen Organe besseren Zugang zu den notwendigen Informationen. Auch sollen sie für ihre Aufgabe besser ausgebildet werden. Ebenfalls die Versicherten werden künftig besser informiert. Grundsätzlich gilt, dass alle Vorsorgeeinrichtungen, unabhängig davon, ob sie das Vermögen selber verwalten, es verwalten lassen oder die gesamte Vorsorge über Versicherungsverträge abwickeln, neu den gleichen Transparenzregeln unterworfen sind.

### *2.1.4 Die private Vorsorge als dritte Säule*

Mit der AHV und der beruflichen Vorsorge zusammen bildet die private Vorsorge das Dreisäulenkonzept. Das Gesetz fördert das individuelle Sparen für die Altersvorsorge.

In dieser dritten Säule wird unterschieden zwischen der gebundenen Selbstvorsorge (Säule 3a) und der freien Selbstvorsorge (Säule 3b). Das Leistungsziel und die Finanzierung können bei dieser Säule entsprechend dem persönlichen Bedarf bis zu festgelegten Grenzen frei bestimmt werden.

**Säule 3a**

Die gebundene Selbstvorsorge wurde zusammen mit der obligatorischen beruflichen Vorsorge im Jahre 1985 eingeführt. Sie hat entweder die Form eines gebundenen Bankkontos (Banksparen) oder einer gebundenen Vorsorgepolice (Versicherungssparen). Ausserdem ist es möglich, Anteilscheine eines Anlagefonds zu erwerben, der den Anlagevorschriften der beruflichen Vorsorge genügt. Bund und Kantone begünstigen die Säule 3a seit 1987 steuerlich. Je nachdem ob eine Person bei einer Einrichtung der beruflichen Vorsorge versichert ist oder nicht, sind die steuerlichen Abzugsmöglichkeiten unterschiedlich hoch. Die Säule 3a kann für Selbständigerwerbende und Arbeitnehmerinnen und Arbeitnehmer, welche nicht in der beruflichen Vorsorge versichert sind, diese ersetzen. Maximal 20% des Erwerbseinkommens können bis zu einem Grenzbetrag steuerfrei in die Vorsorge fliessen. Nicht erwerbstätigen Personen ist die gebundene Vorsorge der Säule 3a verschlossen.

Der Bundesrat legt die Grenzbeträge fest und passt diese periodisch der Teuerung an. Für Versicherte der beruflichen Vorsorge beträgt der Grenzbetrag pro Jahr CHF 6192. Für Selbständigerwerbende liegt dieser 5-mal höher und beträgt CHF 30’960 (Stand 2006).

Über das Guthaben aus der 3. Säule darf frühestens fünf Jahre vor dem Altersrücktritt verfügt werden. Vorzeitige Auszahlungen sind möglich:

- bei Invalidität, wenn der Vorsorgenehmer eine ganze IV-Rente bezieht,
- für den Einkauf in eine Einrichtung der beruflichen Vorsorge,
- für den Erwerb von Wohneigentum durch den Vorsorgenehmer,
- wenn der Vorsorgenehmer die Schweiz endgültig verlässt,
- wenn der Vorsorgenehmer eine selbständige Erwerbstätigkeit aufnimmt,
- wenn die Austrittsleistung weniger als den Jahresbeitrag des Vorsorgenehmers beträgt.

Anspruchsberechtigt sind der Vorsorgenehmer und bei dessen Tod die direkten Erben sowie, wenn keine Erben da sind, die vom Versicherten bezeichneten Personen.

**Säule 3b**
Die freie Selbstvorsorge erfolgt über privates Sparen und Versichern und umfasst auch die Bildung von selbst finanziertem Wohneigentum. Die Ersparnisse können im Gegensatz zur Säule 3a zu beliebigen Zwecken aufgelöst werden. Bund und Kantone sollen laut Verfassung und Gesetz auch dieses Sparen durch Massnahmen der Fiskal- und Eigentumspolitik fördern. So gewähren Bund und Kantone bei der Einkommensbesteuerung teilweise Abzüge für Versicherungsprämien und Sparkapitalzinsen. Gegenüber der gebundenen Vorsorge 3a geniesst die freie Vorsorge 3b jedoch eine weit geringere steuerliche Begünstigung.

## 2.2 Ausblick

Die Alters-, Hinterlassenen- und Invalidenvorsorge des Dreisäulenkonzeptes ist zu einem politischen Dauerthema geworden. Die demografische Entwicklung (siehe auch Abb. 7, S. 24) wird von Kreisen, die dem leistungsfähigen Sozialstaat stets kritisch bis ablehnend gegenüberstanden, immer wieder als «Beweis» herangezogen, dass unsere AHV längerfristig nicht mehr finanzierbar sei. Um diese Behauptung zu untermauern, wird die Entwicklung der Anzahl Beitragszahlender pro rentenberechtigte Person (siehe Abb. 17) herangezogen. Nebst der Erhöhung des Rentenalters werden deshalb Einsparungen bei den Renten und vermehrte Eigenverantwortung gefordert.

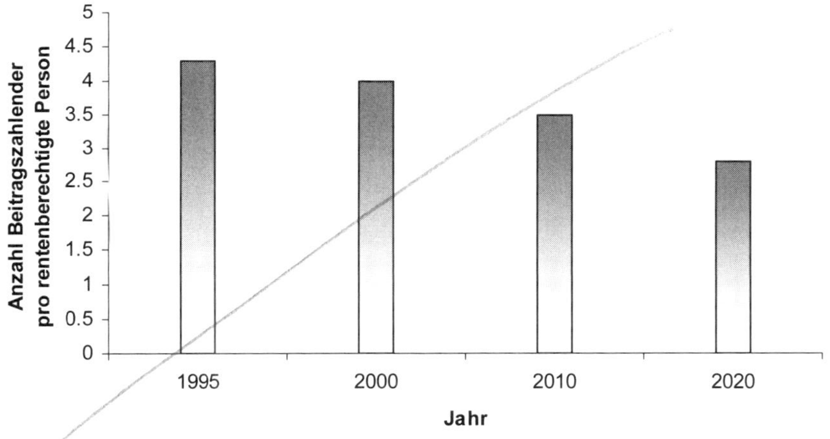


**Abbildung 17:** Anzahl Beitragszahlender pro rentenberechtigte Person
Quelle: Bundesamt für Sozialversicherung

Sicher hat die demografische Entwicklung einen Einfluss auf unsere Sozialversicherungen. Diese darf aber nicht überbewertet werden. Unser einzigartiges Finanzierungssystem bei der AHV schwächt diesen Einfluss sehr stark ab. So ist bei der Finanzierung der AHV nicht entscheidend, wie sich das in Abbildung 17 gezeigte Verhältnis «Beitragszahlende zu rentenberechtigten Personen» entwickelt. Entscheidend ist, ob unser Land auch künftig ein gutes Wirtschaftswachstum aufweisen wird, das sich direkt auch auf die gesamte AHV-pflichtige Lohnsumme auswirkt. Da wir bei den AHV-Beiträgen keine Einkommensobergrenze kennen, dies im Gegensatz zu andern Staaten, gilt bei uns folgende Regel: Solange die prozentual erhobenen AHV-Beiträge auf der gesamten Lohnsumme zusammen mit den Leistungen der öffentlichen Hand grösser sind als die mittlere AHV-Rente multipliziert mit der Anzahl rentenberechtigter Personen, bleibt die AHV finanziell gesund. So ist es auch zu erklären, dass trotz der stetigen demografischen Entwicklung der AHV-Beitragssatz seit 1975 unverändert blieb. Einzig 1999 wurde zugunsten der AHV ein zusätzliches Mehrwertsteuerprozent erhoben.

Bestimmt braucht es in den nächsten Jahren und Jahrzehnten zusätzliche Finanzmittel um zumindest das heutige Leistungsniveau zu halten und die Renten regelmässig der Lohn- und Preisentwicklung anzupassen. Aber diese Mittel werden bescheiden ausfallen, wenn wir wieder zu Perioden grösseren Wirtschaftswachstums zurückfinden. Hier müssen die politischen Anstrengungen konzentriert werden und nicht beim Sozialabbau!

Immer wieder werden Forderungen nach einer Erhöhung des Rentenalters laut. Betrachtet man aber die Lage auf dem Arbeitsmarkt, so erkennt man sehr rasch, dass ältere Arbeitnehmerinnen und Arbeitnehmer wenig Chancen haben. Bei der Stellensuche haben sie das Nachsehen und beim Stellenabbau trifft es sie am ehesten. Die Statistiken untermauern dies klar. Allein die Entwicklung der IV-Bezügerinnen und -Bezüger schreckt auf (siehe auch Abb. 5, S. 22). Die wirtschaftlichen und gesellschaftlichen Entwicklungen, beschrieben in Kapitel 1, führten dazu, dass immer mehr Menschen den steigenden Anforderungen am Arbeitsplatz nicht mehr gewachsen sind. Hier von «Scheininvaliden» zu sprechen ist zynisch, wenn man gleichzeitig auch feststellt, dass die Suizidrate in unserem Land sehr, sehr hoch liegt. Eine Erhöhung des Rentenalters würde diese Situation nur noch weiter verschlechtern. Vielmehr sind flexible Lösungen gefragt, die den Bedürfnissen und Fähigkeiten der Menschen Rechnung tragen. Allerdings darf dabei nicht aus den Augen gelassen werden, dass es sich bei unserer AHV um eine umfassende Volksversicherung handelt und dass sich Sonderregelungen für Personen- und Berufsgruppen deshalb schlecht mit der AHV vertragen. Als wohl vernünftigste Lösung wäre die Einführung einer Flexibilisierung nach unten und nach oben mit der Erwerbsdauer als Berechnungsgrundlage. Wer nach der obligatorischen Schule oder nach einer Berufslehre ins Erwerbsleben steigt, weist mit sechzig Lebensjahren mindestens vierzig Erwerbsjahre auf, es sei denn, er habe die berufliche Laufbahn aus privaten Gründen unterbrochen. Personen, die weitergehende Schulen, Hochschulen oder Universitäten besuchen, steigen in der Regel viel später ins Erwerbsleben ein. Wenn gleichzeitig in Rechnung gesetzt wird, dass Personen mit tieferer Schulbildung in der Regel über tiefere Einkommen verfügen, körperlich schwerere Arbeiten verrichten, ein grösseres Risiko tragen invalid zu werden, eher aus dem Arbeitsprozess gedrängt werden und noch viel früher AHV-Beiträge einzahlen, so wäre es nicht mehr als gerecht, nach vierzig Erwerbsjahren in Pension zu gehen. Wer das Glück und das Privileg hat zu studieren, um dann 25- bis 30-jährig oder noch älter ins Erwerbsleben zu steigen, der soll und kann auch über die 65 Jahre hinaus arbeiten, bis er die 40 Erwerbsjahre erreicht hat. Eine frühere Pensionierung könnte allerdings für diese Personen mit einer Rentenkürzung auch möglich bleiben. Für Frauen und Männer, die ihre berufliche Tätigkeit für die Kindererziehung unterbrechen, müsste diese Zeit als Erwerbsjahre angerechnet werden.

Etwas schwer tut sich der Gesetzgeber in der Anpassung der Hinterlassenen-Renten an die gesellschaftlichen Veränderungen. Natürlich hat die Schweiz immer noch einen Nachholbedarf in der Gleichstellung von Mann und Frau und insbesondere für die Frauen ist die Vereinbarkeit von Familie und Beruf noch weit vom Idealzustand entfernt. Hier liegt dringender Handlungsbedarf vor. Wenn diese Verbesserungen erreicht sind, lassen sich aber bei den Witwenrenten wesentliche Einsparungen erzielen. Kinderlose Frauen könnten so künftig auf eine Witwenrente verzichten.

Grosse Anstrengungen und entsprechende Massnahmen braucht es um die Zahl der IV-Renten-Beziehenden zu reduzieren oder zumindest den Zuwachs zu bremsen. Einerseits müssen Anreize geschaffen werden, damit die Wirtschaft vermehrt wieder Arbeitsplätze für behinderte Menschen schafft und andrerseits braucht es auch eine humanere Arbeitswelt. Untersuchungen zeigen ganz klar, dass immer mehr Menschen psychisch erkranken, weil sie den wachsenden Arbeitsdruck nicht verkraften. Als in der zweiten Hälfte des 19. Jahrhunderts bei uns die Industrialisierung einsetzte, verunfallten viele Arbeitnehmende, weil Maschinen, Werkzeuge und Arbeitsplätze grosse Unfallrisiken in sich bargen. Arbeitsinspektorate wurden geschaffen mit dem Ziel, die Unfallrisiken massiv zu senken. Diese wirkten sich sehr positiv aus. Heute stehen industrielle und handwerkliche Betriebe hinsichtlich Unfallrisiken sehr gut da. Leider fehlen Inspektorate, die den Ursachen der psychischen Erkrankungen nachgehen und Massnahmen zur Reduktion vorschlagen. Im Interesse unserer Volksgesundheit und mit Blick auf die steigenden Kosten in der IV liegt hier Handlungsbedarf vor.

Wenn heute oftmals ins Feld geführt wird, dass unser Sozialstaat und insbesondere die Altersvorsorge zu teuer sei und aus Konkurrenzgründen die Lohnnebenkosten (Lohnbeiträge) reduziert werden müssten, dann muss auch immer wieder darauf hingewiesen werden, dass ein leistungsfähiger Sozialstaat sehr positive Auswirkungen auf die Wirtschaft hat. So geht eine Rentenkürzung zwangsläufig einher mit der Minderung der Kaufkraft der Rentnerinnen und Rentner und führt somit zu einer Reduktion der Binnennachfrage.

Sollten sich wider Erwarten die Abbaubefürworter durchsetzen, müsste sich der Gesetzgeber wohl überlegen, wo prioritär gespart werden könnte. Sicher nicht bei der AHV, die als Volksversicherung die Existenzsicherung für alle zum Ziel hat. Hier liegt ein klarer Verfassungsauftrag vor. Auch im obligatorischen Teil der beruflichen Vorsorge könnte kaum gespart werden. Allerdings kann man sich fragen, ob es die Aufgabe des Staates ist, gesetzlich auch den überobligatorischen Teil zu regeln mit Steuerabzugsberechtigungen bis zu den höchsten Einkommen, was mit einer eigentlichen Altersvorsorge kaum mehr etwas zu tun hat. Auch müsste die Steuerbefreiung auf die Beiträge in die dritten Säule prioritär hinterfragt werden, können sich doch heute in der Regel nur die gut Verdienenden diese Säule leisten, die bei näherem Betrachten insbesondere bei den Unselbständigerwerbenden auch wenig mit der Altersvorsorge zu tun hat.

## 3. Die Krankenversicherung

Im Rahmen der allgemeinen Erklärung zu den Menschenrechten fordert die UNO, dass alle Menschen die für ihre Gesundheit notwendige Pflege erhalten. Dieses Grundrecht ist heute in sehr vielen Staatsverfassungen ausdrücklich festgeschrieben, so auch in der Schweiz. Allerdings klaffen leider weltweit in der Umsetzung grosse Lücken und es bedarf insbesondere von den wohlhabenden Nationen noch viel Unterstützung um diese durch den Aufbau von effizienten Gesundheitssystemen zu schliessen. In den Industrienationen, die durchwegs über gute Gesundheitssysteme verfügen, lassen sich vereinfacht folgende drei Arten unterscheiden:

- **Der nationale Gesundheitsdienst**: Die gesamte Bevölkerung hat kostenlosen Zugang zu staatlich organisierten medizinischen Einrichtungen, die vor allem aus allgemeinen Steuermitteln finanziert werden. Solche Systeme kennen z.B. Grossbritannien, Italien, Schweden u. a.
- **Das Sozialversicherungssystem**: Das Gesundheitswesen wird über eine obligatorische Sozialversicherung finanziert. In den meisten Ländern werden dazu einkommensabhängige Prämien erhoben, welche von Arbeitgebern und Arbeitnehmern gemeinsam getragen werden. Träger der Sozialversicherung können private oder öffentliche Krankenversicherer sein. Die ambulanten Leistungen werden in der Regel privat erbracht, die stationären teils privat, teils öffentlich. z. B. kennen Deutschland und Österreich dieses System. Ebenfalls die Schweiz finanziert das Gesundheitswesen über eine obligatorische Sozialversicherung, allerdings basierend auf Kopfprämien der Versicherten. Die Arbeitgeber beteiligen sich nicht an der Finanzierung und es werden auch keine Lohnprozente erhoben.
- **Das Privatversicherungssystem**: Das Gesundheitswesen wird in erster Linie über freiwillige private Versicherungen finanziert. Wer mehr bezahlt, kann mehr Leistungen einkaufen, und wer ein erhöhtes Krankheitsrisiko aufweist, bezahlt in der Regel auch höhere Versicherungsprämien. Die Leistungserbringung erfolgt vor allem privat. Unter den Industrienationen kennen die USA dieses System.

In der Schweiz liegt die Hauptverantwortung für das Gesundheitswesen bei den Kantonen. Im Gegensatz zu den meisten andern Staaten gibt es kein Bundesgesetz über das Gesundheitswesen. Die Bundesverfassung gibt dem Bund in Artikel 118 lediglich eine sehr beschränkte Kompetenz auf diesem politisch so wichtigen Gebiet gesetzgeberisch tätig zu werden:

*«Art. 118 Schutz der Gesundheit*

*1 Der Bund trifft im Rahmen seiner Zuständigkeiten Massnahmen zum Schutz der Gesundheit.*

*2 Er erlässt Vorschriften über:*

- *a. den Umgang mit Lebensmitteln sowie Heilmitteln, Betäubungsmitteln, Organismen, Chemikalien und Gegenständen, welche die Gesundheit gefährden können;*
- *b. die Bekämpfung übertragbarer, stark verbreiteter oder bösartiger Krankheiten von Menschen und Tieren;*
- *c. den Schutz vor ionisierenden Strahlen.»*

Der Ursprung dieses Artikels liegt in der Tuberkulosebekämpfung. Diese «Volksseuche» hatte vor ca. hundert Jahren auch in der Schweiz ein verheerendes Ausmass angenommen. Die Kantone und private Organisationen waren schlicht überfordert und es fehlten vielerorts auch die notwendigen Mittel um wirkungsvoll dagegen anzukämpfen. Dies bewog Bundesrat und Parlament auf Bundesebene aktiv zu werden. Im Jahre 1928 wurde das so genannte Tuberkulosegesetz in Kraft gesetzt, das einerseits Bundesmittel zur Bekämpfung der Tuberkulose vorsah, aber andrerseits von den Kantonen auch eine bessere Organisation des Gesundheitswesens forderte. Ein Resultat dieses Gesetzes war z.B. die Anstellung von Kantonsärzten.

Basierend auf dem Art. 118 ist heute auf Bundesebene das Bundesamt für Gesundheit (BAG) im öffentlichen Gesundheitswesen (Public Health) nur auf folgenden Gebieten tätig:

- Überwachung übertragbarer Krankheiten
- Strahlenschutz und Kontrolle chemischer Produkte

- Lebensmittelsicherheit
- Betäubungsmittelkontrolle
- Suchtprävention (Alkohol, Tabak, Arzneimittel, Drogen)

Im Gegensatz zur Alters-, Hinterlassenen- und Invalidenvorsorge kann der Bund somit nicht oder nur sehr beschränkt auf das Gesundheitswesen Einfluss nehmen. Seine Kompetenz wird weitgehend auf die soziale Kranken- und Unfallversicherung beschränkt. Dies führte dazu, dass sich 26 kantonale Gesundheitswesen entwickelten, die über Konkordate z. T. nur sehr mangelhaft koordiniert sind.

Die Bundesverfassung gibt dem Bund in Artikel 117 allerdings umfassendere Kompetenzen zur Regelung der Kranken- und Unfallversicherung. Dieser Artikel wurde bereits im Jahre 1890 in die Verfassung aufgenommen.

*«Art. 117 Kranken- und Unfallversicherung*

*1 Der Bund erlässt Vorschriften über die Kranken- und Unfallversicherung.*

*2 Er kann die Kranken- und Unfallversicherung allgemein oder für einzelne Bevölkerungsgruppen obligatorisch erklären.»*

Im Jahre 1900 lehnte das Schweizer Volk in einer Referendumsabstimmung die so genannte Lex Forrer ab. Dieses Gesetz wollte eine obligatorische Kranken- und Unfallversicherung einführen. Das Nein der damaligen Stimmbürger bewog den Bundesrat auf ein umfassendes Obligatorium zu verzichten. Er unterbreitete dem Parlament eine neue Vorlage, die im Krankenversicherungsbereich eine Kassensubventionierung vorsah und für Arbeitnehmende in Berufen mit erhöhtem Unfallrisiko eine obligatorische Unfallversicherung vorschlug. Dieser Vorschlag wurde im Parlament gut aufgenommen und auch das Schweizer Volk stimmte zu, nachdem gegen das Gesetz wiederum das Referendum ergriffen wurde.

Im Jahre 1912 trat dieses Kranken- und Unfallversicherungsgesetz KUVG in Kraft. Die bestehenden Krankenkassen erhielten fortan Bundessubventionen und für die Durchführung der Unfallversicherung wurde die Schweizerische Unfallversicherungsanstalt SUVA gegründet, die als Monopolbetrieb mit Sitz in

Luzern für die obligatorisch versicherten Arbeitnehmer die Unfallversicherung durchführte (siehe dazu auch Kapitel 1).

Der medizinische Fortschritt, der sich sehr positiv auf die Lebenserwartung und auf die Lebensqualität auswirkte, führte insbesondere in der zweiten Hälfte des 20. Jahrhunderts zu einer sehr starken Kostensteigerung im Gesundheitswesen, die stets höher war als die allgemeine Lohn- und Preisentwicklung. Diese Kostenentwicklung führte unser Gesundheitswesen immer stärker in den Brennpunkt des politischen Interesses. Dies insbesondere auch deshalb, weil die Krankenversicherungsprämien risikoabhängig festgelegt wurden und diese insbesondere für Familien und ältere Menschen zur erdrückenden Last anwuchsen. Aus diesem Grunde startete der Bundesrat im Jahre 1987, also fast hundert Jahre nach der Inkrafttretung des Verfassungsartikels, erneut einen Anlauf, das umfassende Krankenversicherungsobligatorium einzuführen. Es entstand ein völlig neues Gesetz, das am 1. Januar 1996 in Kraft trat, nachdem gegen dieses erfolglos das Referendum ergriffen wurde.

## 3.1 Das Krankenversicherungsgesetz

Jede in der Schweiz wohnhafte Person ist obligatorisch für die Krankenpflege versichert. Grundsätzlich gilt, dass alle medizinischen Leistungen, die zur Erhaltung oder Wiedererlangung der Gesundheit notwendig sind, bezahlt werden. Der Gesetzgeber sprach sich mit dieser Regelung klar gegen eine Zweiklassenmedizin aus. Die obligatorische Grundversicherung bietet einen umfassenden Versicherungsschutz und aus medizinischen Gründen braucht niemand eine weiter gehende Versicherung. Private Zusatzversicherungen sind natürlich erlaubt. Diese befreien aber niemanden von der obligatorischen Versicherung und dienen dazu, weitergehende Bedürfnisse wie höheren Zimmerkomfort im Krankenhaus, Arztwahl im Krankenhaus, alternativmedizinische Leistungen usw. zusätzlich zu versichern. Die Behörden erhielten vom Gesetzgeber eine gewisse Steuerungskompetenz in Bezug auf die so genannten Pflichtleistungen, die von der obligatorischen Grundversicherung zu bezahlen sind. Alle Leistungen, inklusive der Medikamente, müssen wirksam, wirtschaftlich und zweckmässig sein. Fachkommissionen beurteilen jeweils, ob diese drei Kriterien erfüllt sind, bevor eine Leistung als Pflichtleistung anerkannt wird.

Bei den ärztlichen Leistungen wird grundsätzlich davon ausgegangen, dass sie die gesetzlichen Anforderungen der Wirksamkeit, Wirtschaftlichkeit und Zweckmässigkeit erfüllen. Ausser für Leistungen bei Mutterschaft, präventivmedizinischen Leistungen und zahnärztlichen Behandlungen existiert daher in diesem Bereich auch keine Liste, in der die kassenpflichtigen Leistungen abschliessend aufgeführt würden. Den Ärztinnen und Ärzten wird die Therapiefreiheit gewährt.

Für Stationärbehandlungen in Krankenhäusern bilden vertraglich geregelte Pauschalabgeltungen in der Regel die Berechnungsgrundlage. Diese Pauschalen, zu bezahlen von den Krankenversicherungen, gelten für die Bewohner eines Kantons und decken höchstens 50% der anrechenbaren Kosten in der allgemeinen Abteilung eines öffentlichen oder öffentlich subventionierten Krankenhauses ab. Die restlichen Kosten zahlt die öffentliche Hand über Steuermittel. Ebenfalls pauschal abgegolten werden die medizinisch begründeten Leistungen in Pflegeheimen.

Nichtärztliche Leistungen, die Chiropraktiker oder Personen erbringen, die im ärztlichen Auftrag handeln und die Zulassungsvoraussetzungen erfüllen (Physiotherapie, Ergotherapie, ambulante Krankenpflege, Ernährungsberatung, Diabetesberatung, Logopädie, Apothekerleistungen), werden nur gemäss dem in einer Krankenpflege-Leistungsverordnung genannten Umfang vergütet.

Im Weiteren sieht die Gesetzgebung vier Positivlisten für ärztlich verordnete Leistungen vor. Es sind dies:

- Mittel und Gegenstände für die Diagnose und Behandlung von Krankheiten, welche im ambulanten Bereich von den Versicherten selbst oder mit Hilfe von nichtmedizinischen Hilfspersonen angewendet werden können (z.B. Bandagen, Inhalationsgeräte, Verbandsmaterial, Brillengläser usw.),
- in Laboratorien durchgeführte Analysen,
- Liste der von Apothekern in der Rezeptur verwendeten Präparate, Wirk- und Hilfsstoffe,
- Liste der pharmazeutischen Spezialitäten (konfektionierte Medikamente).

Fachkommissionen beurteilen, ob die aufzunehmenden Leistungen wirtschaftlich, wirksam und zweckmässig sind und stellen Antrag an das zuständige Departement. Dieses entscheidet dann über die Aufnahme in die Positivlisten.

Kassenpflichtige, ärztlich durchgeführte oder angeordnete Massnahmen der Prävention zur frühzeitigen Erkennung von Krankheiten sowie vorsorgliche Massnahmen, sind abschliessend in einer Leistungsverordnung aufgelistet.

Leistungen bei Mutterschaft und Geburt werden von der obligatorischen Krankenversicherung bezahlt. Dazu gehören auch besondere Vorsorgeuntersuchungen während der Schwangerschaft und nach der Geburt, die Kosten für Geburtsvorbereitungskurse und für die Stillberatung sowie Leistungen der Hebammen.

Die obligatorische Krankenversicherung übernimmt die Kosten der zahnärztlichen Behandlung nur, wenn diese

- durch eine schwere, nicht vermeidbare Erkrankung des Kausystems bedingt ist; oder
- durch eine schwere Allgemeinerkrankung oder ihre Folgen bedingt ist; oder
- zur Behandlung einer schweren Allgemeinerkrankung oder ihrer Folgen notwendig ist.

Zahnersatz, Zahnfüllungen, Prothesen usw., die mangels genügender Pflege oder durch den normalen Alterungsprozess nötig werden und auch die regelmässigen Kontrollen beim Zahnarzt werden nicht vergütet. Es besteht allerdings die Möglichkeit sich für diese Leistungen privat zu versichern, doch sind die Prämien für Personen mit tieferen Einkommen und insbesondere für Familien in der Regel zu hoch.

An ärztlich verordnete Badekuren wird für höchstens 21 Tage pro Jahr ein Beitrag CHF 10 pro Tag vergütet, wenn diese in einem zugelassenen Heilbad durchgeführt werden. Die zusätzlichen Kosten, für beispielsweise ärztliche Behandlung oder Physiotherapie, werden separat vergütet.

### 3.1.1 Der Zugang zu den Leistungen

Die Kantone müssen nach Gesetz eine Spitalplanung so vornehmen, dass einerseits die Versorgung sichergestellt ist und andrerseits kein kostspieliges Überangebot an Krankenhausbetten vorliegt. Eine regionale Zusammenarbeit der Kantone wird dabei gefordert. Jeder Kanton erstellt eine Liste der stationären Leistungserbringer, aus der dann der Versicherte frei wählen kann, wenn ein Spitaleintritt notwendig wird.

Die ambulante medizinische Versorgung wird weitgehend durch die Ärzte in freier Praxis und durch Notfalldienste und Ambulatorien der Krankenhäuser wahrgenommen. Grundsätzlich bestehen für den Patienten die freie Arztwahl und der uneingeschränkte direkte Zugang zu den Spezialisten.

### 3.1.2 Die Träger der Krankenversicherung

In der Schweiz entstanden bereits im frühen 19. Jahrhundert die ersten Krankenkassen, und dies ungefähr zur gleichen Zeit, als die ersten Altersvorsorgekassen (Pensionskassen) gegründet wurden. In der zweiten Jahrhunderthälfte entstanden dann unter dem Einfluss der industriellen und sozialen Entwicklung eine wahre Flut von Krankenkassen, die vorwiegend lokal tätig waren und oftmals auch von Industriebetrieben für ihre Mitarbeitenden geschaffen wurden. Der Art. 117 der Bundesverfassung aus dem Jahre 1890 und das erste Krankenversicherungsgesetz, das im Jahre 1912 in Kraft trat, sahen deshalb die bestehenden Krankenkassen als Durchführungsorgane der Krankenversicherung vor. Das hat sich mit dem neuen Krankenversicherungsgesetz nur insofern geändert, als neben den Krankenkassen auch private Versicherungsgesellschaften die als obligatorisch erklärte Krankenversicherung betreiben können. Allerdings hat sich in den letzten Jahren und Jahrzehnten die «Krankenkassenlandschaft» sehr stark verändert. Gab es im Jahre 1960 noch über 1000 Krankenkassen, waren es beim Inkrafttreten des neuen Gesetzes noch 145, die die Durchführung des Versicherungsobligatoriums übernahmen, und ins Jahr 2005 starteten noch 98 Krankenversicherer. Diese sind z. T. flächendeckend und z. T. nur regional tätig.

Da das Gesetz jeder Person die freie Kassenwahl und den Kassenwechsel garantiert, sind alle Versicherer verpflichtet jede Person ohne Vorbehalt und ohne Befragung über den jeweiligen Gesundheitszustand aufzunehmen. Das Gesetz bestimmt abschliessend und verbindlich, welche Leistungen im Rahmen der obligatorischen Grundversicherung zu bezahlen sind. Die Krankenversicherer sind verpflichtet, diese Leistungen zu übernehmen. Keine Rolle spielt dabei die Versicherungsart oder das Vorliegen einer Zusatzversicherung. Werden Leistungen nach KVG erbracht, sind diese grundversichert und ausnahmslos von der Krankenkasse des Patienten zu übernehmen. Die Tatsache, dass ein Patient über eine Zusatzversicherung verfügt, bedeutet nicht, dass damit die Regeln der Grundversicherung hinfällig werden. Auf die grundversicherten Leistungen hat auch der zusatzversicherte Patient Anrecht.

Die Krankenversicherer unterliegen auch dem Vertragszwang (Kontrahierungszwang). Grundsätzlich bestimmen die politischen Behörden von Bund und Kantonen, wer als Leistungserbringer im Gesundheitswesen zugelassen ist. Während der Bund für die berufliche Qualifikation zuständig ist, sind dies die Kantone für die Beurteilung des Bedarfs. Der Gesetzgeber verpflichtet die Kantone im stationären Bereich eine Bedarfsplanung vorzunehmen (Spitalplanung). Für private, ambulante Arztpraxen existiert keine solche gesetzliche Vorgabe und es ist deshalb bei den Bewilligungsverfahren das verfassungsmässig verbriefte Recht auf die freie Berufsausübung zu berücksichtigen. Allerdings hat das Eidg. Parlament befristet bis Ende 2006 einen landesweiten Praxiseröffnungsstopp beschlossen, den die Kantone bei ausgewiesenem Bedarf für einzelne Kategorien von Leistungserbringern und für bestimmte Regionen aufheben können. Die Krankenversicherer müssen mit allen zugelassenen Leistungserbringern abrechnen.

Unter den Krankenversicherern bestehen grosse Unterschiede in der Risikostruktur der Versicherten. Diese Unterschiede bestanden bereits vor der Einführung des Versicherungsobligatoriums insbesondere auch deshalb, weil die Aufnahmepflicht nicht bestand und es Krankenkassen gab, die nur bestimmte Berufsgruppen von Personen versicherten. Der Gesetzgeber führte deshalb den Risikoausgleich ein, der dafür sorgen soll, dass ein fairer Wettbewerb unter den Versicherern entstehen kann. Er beruht auf der objektiv festgestellten Risikostruktur. Verglichen wird die durchschnittliche Bevölkerungsstruktur nach Alter und Geschlecht mit der entsprechenden Versichertenstruktur jedes Versicherers. Versicherer mit einer vergleichsweisen günstigen Struktur haben einem Ausgleichsfonds eine Abgabe zu entrichten, die Versicherern mit einer ungünstigen Struktur zugute kommt.

Die Träger der obligatorischen Krankenversicherung können sich in Form von Vereinen, Stiftungen, Genossenschaften oder Aktiengesellschaften organisieren. Das Gesetz gewährt ihnen im Prinzip finanzielle Autonomie. Es schreibt ihnen aber für die obligatorische Grundversicherung das Ausgabenumlageverfahren mit der Bildung von Reserven und Rückstellungen vor. Zudem dürfen die Einnahmen nicht für andere Zwecke verwendet und damit auch keine Gewinne ausgeschüttet werden.

Mit all diesen Bestimmungen und Einschränkungen stehen die Versicherer unter einander in einem beschränkten Wettbewerb. Die Aufsichtsbehörden publizieren jährlich einen Prämienführer, der die zu bezahlenden Prämien pro Kanton und Versicherer enthält. Prämienhöhe und Kundennähe bilden dann die wesentlichen Kriterien für die Wahl einer Versicherung.

### 3.1.3 Tarife, Preise und Tarifschutz

Die Leistungserbringer erstellen ihre Rechnungen nach Tarifen oder Preisen. Der Tarif bildet eine Grundlage für die Berechnung der Vergütung. Das KVG sieht folgende Tarifvarianten vor:

- den Zeittarif: Dieser stellt auf den benötigten Zeitaufwand ab,
- den Einzelleistungstarif: Für die einzelnen Leistungen werden Taxpunkte festgelegt und dann pro Taxpunkt ein Preis bestimmt (Taxpunktwert),
- den Pauschaltarif: Dieser kann sich auf die Behandlung je Patient oder Patientin beziehen (Patientenpauschale) oder auf die Versorgung je Versichertengruppe (Versichertenpauschale).

Tarife und Preise werden in Verträgen zwischen Versicherern und Leistungserbringern vereinbart (Tarifverträge) oder in den vom Gesetz bestimmten Fällen von den zuständigen Behörden festgelegt. Zudem hält das Gesetz ausdrücklich fest, dass Einzelleistungstarife auf einer gesamtschweizerisch vereinbarten einheitlichen Tarifstruktur beruhen müssen.

Die Leistungserbringer müssen sich an die vertraglich oder behördlich festgelegten Tarife und Preise halten und dürfen für ihre Leistungen keine weiter gehenden Vergütungen berechnen. Es gilt klar und streng der Tarifschutz.

Am 1. Januar 2004 ist der im Gesetz vorgesehene, gesamtschweizerische Einzelleistungstarif in Kraft getreten. Diese einheitliche Arzttarifstruktur (Tarmed) umfasst rund 4600 Leistungen. Jede Leistung ist mit einer Anzahl Taxpunkte – getrennt nach ärztlicher und technischer Leistung – versehen, was die Wertrelation der Leistungen untereinander zum Ausdruck bringt. Die Taxpunkte sind für jede einzelne Leistung landesweit einheitlich und verbindlich. Im Gegensatz zur Tarifstruktur werden die Taxpunktwerte von den Tarifpartnern auf kantonaler Ebene vereinbart und von den Kantonsregierungen genehmigt resp. bei einer Nichteinigung festgesetzt. Es gibt also in den 26 Kantonen eine einheitliche Tarifstruktur, aber für die einzelnen Leistungen werden über die unterschiedlichen Taxpunktwerte schlussendlich im Extremfall 26 unterschiedliche Preise bezahlt. Der Tarmed wird für ambulante und teilstationäre erbrachte Leistungen angewandt, wie sie in der freien Arztpraxis und im Spitalambulatorium erbracht werden. Die so abgerechneten 4600 Tarmedleistungen decken rund 2/3 aller Leistungen ab. Beim Rest handelt es sich um Leistungen, die in den Spitälern und Pflegeheimen stationär erbracht und in der Regel über Pauschaltarife abgerechnet werden. Nach Gesetz decken diese Pauschaltarife in öffentlichen oder öffentlich subventionierten Spitälern höchstens 50% der anrechenbaren Kosten je Patient oder Patientin des Kantons in der grundversicherten, allgemeinen Abteilung. Mindestens 50% dieser Kosten hat somit die öffentliche Hand zu übernehmen.

### 3.1.4 Die Kostenbeteiligung der Versicherten

Ein Teil der Behandlungskosten geht zulasten der Versicherten (siehe Tabelle 12). Die Kostenbeteiligung setzt sich zusammen aus:

- der ordentlichen Franchise (die Franchise ist der feste Jahresbetrag, den jeder Versicherte bei der Inanspruchnahme ärztlicher Leistungen selber bezahlen muss). Sie beträgt CHF 300 pro Jahr, wobei Kinder und Jugendliche bis 18 Jahre keine ordentliche Franchise bezahlen. Freiwillig können mit reduzierten Versicherungsprämien höhere Franchisen gewählt werden. Wer also medizinische Leistungen bezieht, muss diese pro Jahr bis zum Betrag seiner Franchise (ordentliche oder freiwillig höhere) selber bezahlen.

- dem Selbstbehalt von 10% des verbleibenden Rechnungsbetrages, jedoch bis zu einem Maximum von CHF 700 pro Jahr (Kinder und Jugendliche bis 18 Jahre: CHF 350).
- Personen, die nicht zusammen mit einer oder mehreren Personen, zu denen sie in einer familienrechtlichen Beziehung stehen, in einem Haushalt leben, leisten einen Beitrag an die Kosten eines Krankenhausaufenthaltes von CHF 10 pro Tag (ohne Limite).

Ausgenommen von einer Kostenbeteiligung sind die Leistungen der normal verlaufenden Mutterschaft und speziell bezeichnete präventive Massnahmen.

| | **Ehepaar ohne Kinder** | **Ehepaar mit 2 Kindern** | **Alleinstehende Person** |
|---|---|---|---|
| Franchise (fester Jahresbeitrag) | CHF 600 | CHF 600 | CHF 300 |
| Kostenbeteiligung 10% | Maximal CHF 1'400 | Maximal CHF 2'100 | Maximal CHF 700 |
| Zusätzlicher Beitrag bei Krankenhausaufenthalt | - | - | CHF 10 pro Tag |

**Tabelle 12:** Kostenbeteiligungen pro Jahr (Stand 2006)
Quelle: Bundesamt für Gesundheit

### *3.1.5 Die Krankenversicherungsprämien*

Jeder Versicherer legt zur Deckung seiner Ausgaben die nötigen Prämien selber fest. Er kann diese nach den ausgewiesenen Kostenunterschieden kantonal und regional abstufen, weil die Kosten des Gesundheitswesens regional unterschiedlich und von den gesundheitspolitischen Massnahmen in den Kantonen abhängig sind. Innerhalb eines Kantons sind maximal 3 Prämienregionen zulässig.

Die soziale Krankenversicherung wird nach dem Umlageverfahren durchgeführt. Die laufenden Ausgaben sind grundsätzlich durch die laufenden Einnahmen zu decken. Die Versicherer haben also ihre Prämien so festzusetzen, dass sie damit die für die betreffende Periode anfallenden Leistungen decken können.

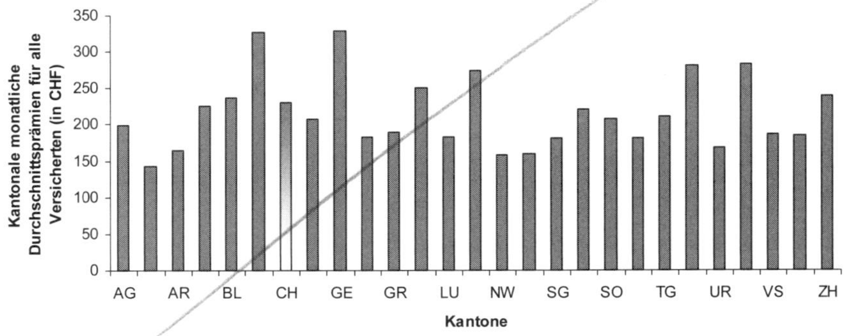


**Abbildung 18:** Kantonale monatliche Durchschnittsprämien und gesamtschweizerische Durchschnittsprämie für alle Versicherten (Stand 2006)
Quelle: Bundesamt für Gesundheit

Im Gegensatz zu praktisch allen andern Staaten, die eine soziale Krankenversicherung einführten, kennt die Schweiz das Kopfprämiensystem. Die Versicherten zahlen bei einem bestimmten Versicherer grundsätzlich die gleiche Prämie. Diese ist nur abgestuft nach den drei Personenkategorien Erwachsene, Jugendliche und Kinder. Die Prämien dürfen also insbesondere nicht nach unterschiedlichen Risiken (z.B. Alter, Geschlecht oder Gesundheitszustand) abgestuft werden, aber auch nicht nach dem Einkommen (z.B. lohnprozentuale Prämien) und Vermögen der Versicherten.

Obwohl die Schweiz ein kleines Land ist, ergibt sich bei 26 Kantonen, gegen hundert Versicherern, drei möglichen Regionen pro Kanton und den drei Abstufungen nach Erwachsenen, Jugendlichen und Kindern eine riesige Menge an Daten, allein was die Kopfprämien anbelangt. In Abbildung 18 sind die kantonalen Durchschnittsprämien für das Jahr 2006 für alle Versicherten dargestellt und Tabelle 13 zeigt für drei typische Kantone entsprechende Belastungsbeispiele.

| Kantone | Ehepaar ohne Kinder | Ehepaar mit 2 Kindern (Alter 15 und 18) | Alleinstehende Person |
|---|---|---|---|
| Basel-Stadt | CHF 750 | CHF 1'150 | CHF 375 |
| Uri | CHF 410 | CHF 620 | CHF 205 |
| Schaffhausen | CHF 540 | CHF 805 | CHF 270 |

**Tabelle 13:** Typische Prämienbelastungsbeispiele pro Monat in CHF (Stand 2006)
Quelle: Bundesamt für Gesundheit

### *3.1.6 Die Prämienverbilligung*

Personen, die in bescheidenen wirtschaftlichen Verhältnissen leben, haben Anspruch auf eine Verbilligung der Kopfprämien durch die öffentliche Hand (Bund und Kantone). Die Durchführung obliegt den Kantonen. Ursprünglich wollte die Landesregierung ein so genanntes Sozialziel im Gesetz festschreiben. Nach diesem dürfte die Gesamtbelastung einer Familie (unabhängig von der Anzahl Personen) durch die Kopfprämien einen Prozentsatz (z. B. 8%) des steuerbaren Einkommens dieser Lebensgemeinschaft nicht übersteigen. Das Parlament ist diesem Vorschlag nicht gefolgt und beliess es bei einer Empfehlung an die Kantone, die ihrerseits nun für die Durchführung und die Entlastungshöhe verantwortlich sind. Generell gilt aber für Personen in bescheidenen wirtschaftlichen Verhältnissen ein Rechtsanspruch auf diese Verbilligungen. Wie aus Abbildung 18 und Tabelle 13 ersichtlich ist, sind die Gesundheitskosten respektive die daraus resultierenden Krankenversicherungsprämien unter den Kantonen sehr unterschiedlich. Ebenso unterschiedlich werden in den Kantonen die Prämienverbilligungen durchgeführt. Grundsätzlich wird aber vom steuerbaren Einkommen der Familie oder der Einzelperson ausgegangen. Auch hier gibt es natürlich kantonale Unterschiede. Da die Familie immer noch als «Steuereinheit» gilt, ist das steuerbare Einkommen für Familien und für Einzelpersonen ein Mass für die so genannte wirtschaftliche Leistungsfähigkeit. Da es keine Bundesvorschrift gibt, regelt jeder Kanton die Prämienverbilligung selbst. In den meisten Kantonen wird die Verbilligung so durchgeführt, dass die Krankenkassenprämien einen Prozentsatz (z.B. 8%) des steuerbaren Einkommens der Steuereinheit (Familie oder Einzelperson) nicht übersteigen. Allerdings gibt es in verschiedenen Kantonen eine Begrenzung nach oben, so dass ab steuerbarem Einkommen von CHF

70'000 bis CHF 80'000 keine Verbilligungen ausbezahlt werden. Da es in der kleinen Schweiz 26 Kantone und somit auch 26 Systeme gibt, ist es nicht möglich, hier einen Gesamtüberblick zu geben. Damit diese Prämienbelastung auch etwas eingeordnet werden kann, sei daran erinnert, dass das minimale Bruttoeinkommen, für das sich die Gewerkschaften vehement einsetzen bei ca. CHF 3000 monatlich liegt und dass gut qualifizierte Industriearbeiter zwischen CHF 4000 und CHF 6000 brutto im Monat verdienen.

In Tabelle 14 sind bei einer mittleren Prämienhöhe die jährlichen Gesundheitskosten einer vierköpfigen Familie (zwei Erwachsene mit zwei Jugendlichen) für drei unterschiedliche Einkommen dargestellt. Dies bei einem durchschnittlichen Bezug medizinischer Leistungen.

| | **Steuerbares Einkommen CHF 50'000** | **Steuerbares Einkommen CHF 100'000** | **Steuerbares Einkommen CHF 500'000** |
|---|---|---|---|
| Prämien | CHF 11'000 | CHF 11'000 | CHF 11'000 |
| Prämienverbilligung | CHF 8'000 | - | - |
| Franchise und Selbstbehalt nach Leistungsbezug | CHF 1'500 | CHF 1'500 | CHF 1'500 |
| Zahnarztkosten | CHF 3'000 | CHF 3'000 | CHF 3'000 |
| Gesamtkosten | CHF 7'500 | CHF 15'500 | CHF 15'500 |
| Gesamtkosten in Prozent des steuerbaren Einkommens | 15% | 15,5% | 3,1% |

**Tabelle 14:** Belastungsbeispiele der Gesundheitskosten (Stand 2006)
Quelle: Bundesamt für Gesundheit

In der Tat zeigt sich, dass insbesondere Familien mit mittleren Einkommen zu den grossen Verlierern gehören, und in dieses Einkommenssegment fallen sehr oft Familien mit Kindern, die sich noch in der Ausbildung befinden. Die negativen Auswirkungen einer so unsozialen Finanzierung unseres Gesundheitswesens liegen auf der Hand. Die Familien mit Kindern werden zusätzlich belastet, anstatt dass man diese fördert und entlastet. Kinder werden für Familien zum Armutsrisiko. In Abbildung 19 ist die Höhe der Prämienverbilligungsbeiträge von Bund und Kantonen ersichtlich.

## 3.2 Die Kosten und die Kostenträger des Gesundheitswesens

Die Gesamtkosten des schweizerischen Gesundheitswesens betrugen im Jahre 2005 rund CHF 50 Mrd. Diese entsprachen rund 10,7% des Bruttoinlandproduktes. 47% der Ausgaben entfielen auf die stationäre, 33% auf die ambulante Behandlung und andere Leistungen, 13% auf die Medikamente, 5% auf die Verwaltung und nur gerade 2% auf die Gesundheitsförderung und die Krankheitsprävention.

In Abbildung 19 sind die Entwicklung der Gesamtkosten, der über alle Sozialversicherungen finanzierte Anteil, der KVG-finanzierte Anteil und die Prämienverbilligungsbeiträge von Bund und Kantonen dargestellt.

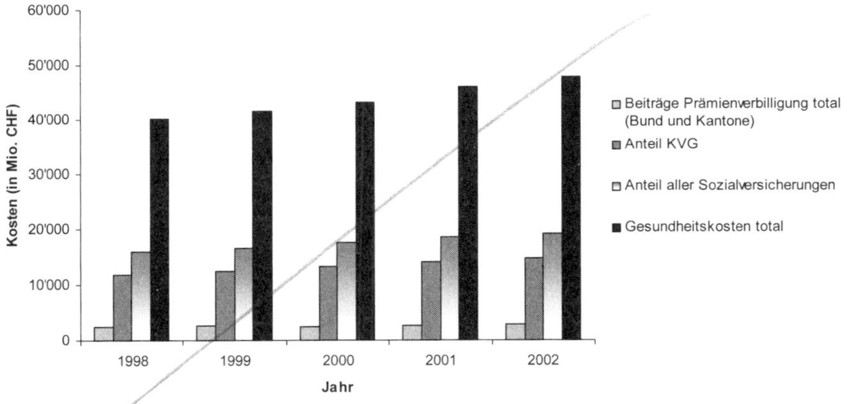


**Abbildung 19:** Leistungen der Sozialversicherung, Höhe der Prämienverbilligung und Gesamtkosten
Quelle: Bundesamt für Sozialversicherung

Die Gesamtkosten werden im Wesentlichen über folgende Kostenträger finanziert:

- 40% und damit der grösste Teil der Gesamtkosten wird durch die Sozialversicherungen (obligatorische Krankenversicherung, Unfallversicherung, Militärversicherung und Invalidenversicherung) bezahlt;

- 34% übernehmen die privaten Haushalte hauptsächlich durch die Kostenbeteiligung in der Krankenversicherung (Selbstbehalt und Franchise) und durch direkte Bezahlung von Leistungen welche durch die Krankenversicherung nicht gedeckt sind (Zahnarztkosten, gewisse Leistungen der Alternativmedizin, nicht kassenpflichtige Medikamente);
- 15% tragen in Form von direkten Leistungen oder Subventionen die öffentliche Hand (Bund, Kantone und Gemeinden);
- 11% entfallen auf die privaten Krankenversicherungen. Es sind dies zur Hauptsache die Zusatzversicherungen der Krankenkassen.

Analysiert man etwas vertieft, wer letztendlich die Kosten trägt, ergibt sich nochmals ein ganz anderes Bild. Die Krankenversicherungen werden ja über Kopfprämien finanziert, und dies gilt für die obligatorische Grundversicherung wie für die freiwillige private Zusatzversicherung. Die Prämien müssen ebenfalls von den privaten Haushalten entrichtet werden. Da in obiger Aufstellung von den 40% der Sozialversicherungen die kopfprämienfinanzierte Krankenversicherung total 34% bezahlt, müssen ganze 68% der Gesamtkosten von den privaten Haushalten übernommen werden. Die Krankenversicherer sind im Grunde genommen als Kostenträger nicht aufzuführen. Sie sind nur Zahlstelle, in dem sie die Kopfprämien einkassieren und im Umlageverfahren an die Leistungserbringer weiterleiten. Dafür treten allerdings korrekterweise folgende zusätzliche Kostenträger auf, die zur Deckung der Gesundheitskosten vor allem bei privaten Haushalten in bescheidenen wirtschaftlichen Verhältnissen beitragen: Bund und Kantone mit der Prämienverbilligung und den Ergänzungsleistungen zur AHV und IV sowie Kantone und Gemeinden mit der Sozialhilfe.

## 3.3 Die Wirkungsanalyse des KVG

Mit der Einführung des KVG im Jahre 1996 wurden drei Hauptziele verfolgt. Einmal sollte die Solidarität unter den Versicherten gestärkt werden, dann wurde eine qualitativ hoch stehende Versorgung der gesamten Bevölkerung mit angemessenen Gesundheitsleistungen angestrebt und weiter erhoffte man sich eine Eindämmung der massiven Kostensteigerungen. Im Jahre 2002, also sechs Jahre nach der Einführung, liess der Bundesrat eine Wirkungsanalyse für das KVG durchführen, die aufzeigte, dass das neue Gesetz die ersten beiden Ziele im Wesentlichen erreichte. Insbesondere haben alle Menschen in der Schweiz Zugang zu einer hoch stehenden medizinischen Versorgung und niemandem wird eine für seine Gesundheit notwendige und verfügbare medizinische Leistung verweigert. Die Solidarität wurde insbesondere zwischen Jung und Alt, Mann und Frau und Gesunden und Kranken wesentlich verstärkt. Allerdings wegen der unsozialen Kopfprämie und trotz der Prämienverbilligung nur ungenügend zwischen der reicheren und der ärmeren Bevölkerung. Zur Stärkung der Solidarität trugen das Versicherungsobligatorium, die Festsetzung einer Einheitsprämie ohne Bezugnahme auf das Krankheitsrisiko der versicherten Person, die Prämienverbilligung an Personen in bescheidenen wirtschaftlichen Verhältnissen und der Risikoausgleich unter den Versicherern bei. Die vor der Einführung des KVG beobachtete Entsolidarisierung wurde erfolgreich gestoppt und der Zugang zu den notwendigen Leistungen für alle Personen sichergestellt.

Das dritte Ziel des KVG, die Kosteneindämmung, wurde allerdings klar verfehlt.

In Abbildung 20 sind die jährlichen Kostensteigerungen aufgeführt.

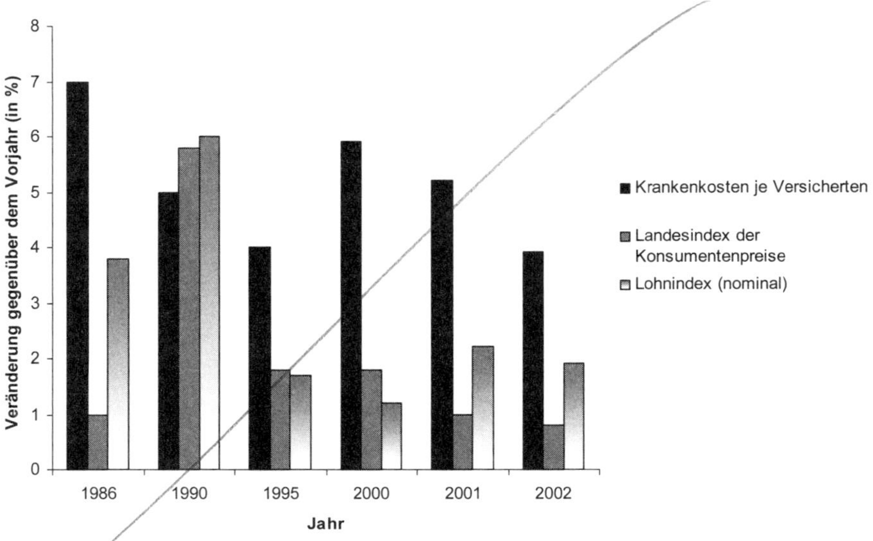


**Abbildung 20:** Entwicklung der Krankenkosten je versicherte Person im Vergleich zur Lohn- und Preisentwicklung
Quelle: Bundesamt für Statistik

Aus dieser Abbildung ist ersichtlich, dass auch nach Einführung des KVG die Kosten des Gesundheitswesens und der Krankenversicherung und als Folge davon die Prämien stärker stiegen als die Teuerung. Der bei der Einführung viel gepriesene Wettbewerb unter den Versicherern und den Leistungserbringern hat nicht die erhoffte Wirkung gebracht. Auch die Versicherten verhielten sich nur ungenügend «marktkonform». So wurden die Möglichkeiten des Versicherungswechsels und der Wahl einer besonderen Versicherungsform (Bonus-Versicherung, wählbare Jahresfranchise, eingeschränkte Arztwahl) nur in bescheidenem Ausmass genutzt.

So erstaunt es nicht, dass im internationalen Vergleich die Schweiz hinsichtlich Gesundheitskosten nicht gut abschliesst. In der Abbildung 21 ist eine Übersicht der Gesundheitskosten in den wichtigsten Industrieländern abgebildet. Die Schweiz rangiert hinter den USA an zweiter Stelle.

Die Schweiz hat also ein sehr gutes, aber ein teures Gesundheitswesen, das zudem wegen der Kopfprämien und des hohen Selbstbehalts sehr unsozial finanziert wird. Im Weltgesundheitsbericht 2000 der Weltgesundheitsorganisation WHO wurde erstmals eine Rangliste der Gesundheitssysteme von 191 Staaten publiziert. Neben der Qualität und dem Umfang der Leistungen, dem Zugang zu den Leistungen und den Massnahmen im Bereiche der Gesundheitsförderung und der Krankheitsprävention, wurden auch die Kosten und insbesondere deren Finanzierung als Kriterien für den Vergleich herangezogen. Insbesondere die sehr unsoziale Finanzierung führte dazu, dass die Schweiz bei diesem internationalen Vergleich auf Rang zwanzig abfiel. An erster Stelle rangierte Frankreich, gefolgt von Italien.

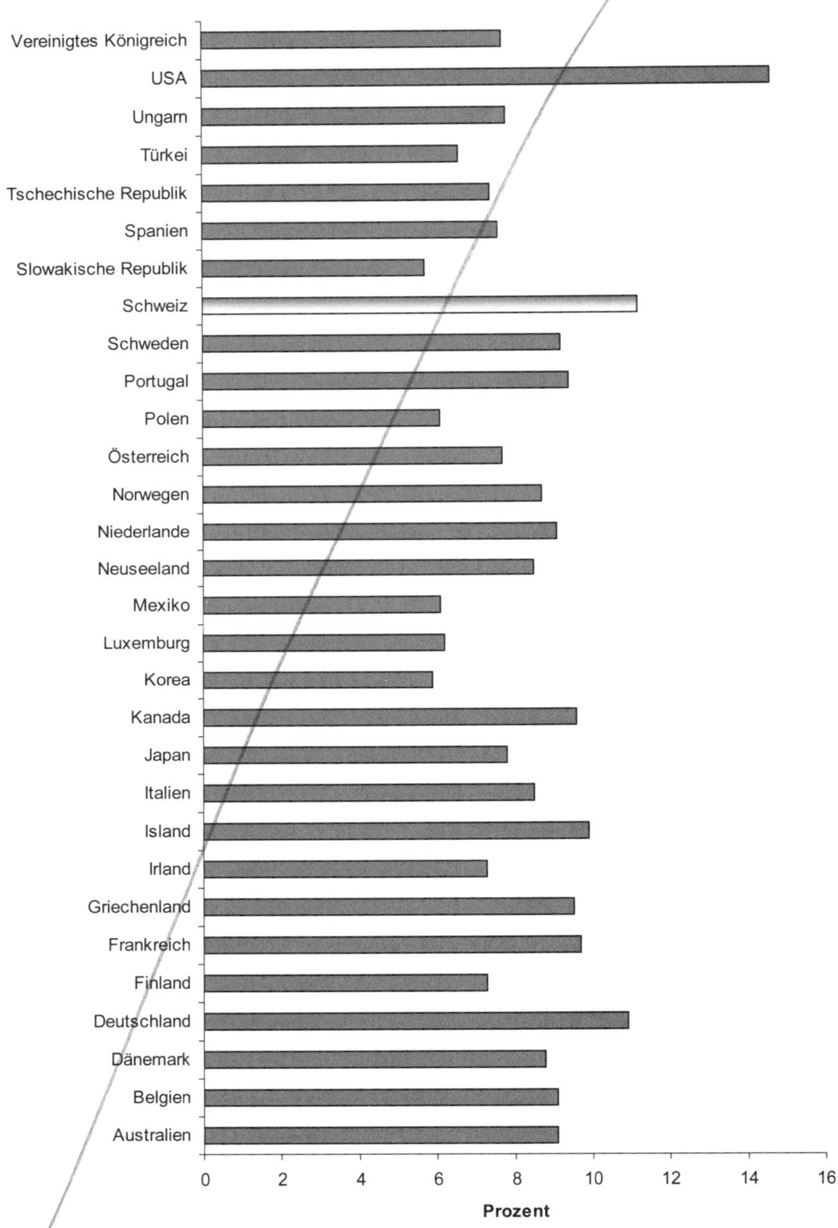


**Abbildung 21:** Internationaler Vergleich der Gesundheitskosten in Prozenten des BIP, 2002
Quelle: Bundesamt für Sozialversicherung

## 3.4 Die Aufsicht

Die Hauptverantwortung über das Gesundheitswesen und somit auch die Aufsichtspflicht liegt bei den Kantonen. Der Bund trägt die Verantwortung für den Vollzug des Krankenversicherungsgesetzes. Wahrgenommen wird diese vom Bundesamt für Gesundheitswesen (BAG). Die Versicherer sind verpflichtet, diesem ihre Jahresberichte und Jahresrechnungen vorzulegen. Das BAG ist ebenfalls Genehmigungsbehörde für die Prämien der sozialen Krankenversicherung. In dieser Funktion überprüft es die jeweiligen Berechnungsgrundlagen, die Reserven und Rückstellungen, die Verwaltungskosten und auch die Risikostruktur der Versicherten, die für den Risikoausgleich massgebend ist.

Das BAG ist ebenfalls mit der Überwachung der Versicherungspraxis der einzelnen Versicherer betraut. Einerseits gilt es sicherzustellen, dass alle Versicherer die grundversicherten medizinischen Leistungen auch vollumfänglich übernehmen und andrerseits braucht es eine Überwachung, damit die freie Versichererwahl jederzeit auch garantiert wird. Es darf von den Versicherern keine Risikoselektion betrieben werden. Die Aufsichtsverantwortung trägt das BAG nur für die soziale Krankenversicherung und nicht für die privaten Zusatzversicherungen.

## 3.5 Ausblick

Die Schweiz kennt bei der Finanzierung der Alters-, Hinterlassenen- und Invalidenvorsorge eine sehr soziale Lösung. Alle Einkommen, unabhängig von ihrer Höhe, werden mit einem Prozentsatz belastet, um diese Sozialwerke zu finanzieren. So zahlen Topverdiener nicht selten jährlich weit über eine Million Schweizer Franken ein. Demgegenüber sind wir in der Krankenversicherung einen sehr unsozialen Weg gegangen. In der Tat kennt kein weiteres Land in Europa und wohl auch weltweit unsere ungerechten und unsozialen Kopfprämien und auch keine so hohe Kostenbeteiligung über den Selbstbehalt und die Franchise.

Unterziehen wir das schweizerische System hinsichtlich Belastung der Bürgerinnen und Bürger einer Analyse, so können wir die Bevölkerung grob in drei ungefähr gleich grosse Teile einordnen.

Das erste Drittel, das über tiefe Einkommen verfügt (Einzelpersonen oder Familien), profitiert von den Prämienverbilligungen und die Prämienbelastung ist für die betroffenen Menschen erträglich. Auf der andern Seite bezahlt das einkommensstarke Drittel der Bevölkerung im Vergleich zum Einkommen sehr wenig an die Gesundheitskosten. So kann sich auch ein Einkommensmillionär für ca. CHF 3000 jährlich gegen alle medizinischen Risiken versichern. Besonders hart trifft das Kopfprämiensystem aber das mittlere Drittel, das den Mittelstand bildet. Darunter leiden insbesondere die Familien mit Kindern. Nehmen wir ein Beispiel: Eine Familie (2 Kinder, beide in Ausbildung) mit einem Gesamteinkommen von ca. CHF 100'000 jährlich zahlt total ca. CHF 11'000 an Kopfprämien. Ihr Einkommen ist so hoch, dass sie keine Prämienverbilligung erhält. Studieren die Kinder, so erhalten diese ebenfalls in der Regel wegen einer tieferen Einkommensgrenze auch keine Stipendien.

Damit nicht genug. Die relativ hohe Kostenbeteiligung kann zusätzlich zu Buche schlagen. Muss die Mutter ins Spital und verursacht dadurch total CHF 3300 (Arzt, Spital, Medikamente) und verursachen der Vater und die beiden Kinder wegen einer Grippe und kleineren Gesundheitsproblemen auch je Kosten in der Höhe der Franchise, so summiert sich die Kostenbeteiligung auf total CHF 1500 pro Jahr. Dazu kommen die Zahnarztkosten, die nur in Ausnahmefällen von der Krankenversicherung übernommen werden. Für diese Familie kann die jährliche Gesamtbelastung durch Gesundheitskosten auf über CHF 15'000 steigen (siehe dazu auch Tabelle 14, S. 104).

In der Tat zeigt sich, dass insbesondere Familien mit mittleren Einkommen zu den grossen Verlierern innerhalb dieses Systems gehören. In dieses Einkommenssegment fallen sehr oft Familien mit Kindern, die sich noch in der Ausbildung befinden. Diese werden hart, sehr hart belastet, anstatt dass man sie fördert und entlastet. Kinder werden zum Armutsrisiko! Abhilfe kann nur geschaffen werden, wenn das einkommensstarke Drittel mehr bezahlt um den Mittelstand zu entlasten, oder anders gesagt: Es braucht ein Prämiensystem, das einkommens- und vermögensabhängig ausgestaltet ist. Eine Sozialversicherung, kann und darf nicht über Kopfprämien finanziert werden, Handeln ist deshalb angesagt!

# 4. Die obligatorische Unfallversicherung

Im Jahre 1984 trat das neue Unfallversicherungsgesetz (UVG) in Kraft, das für den Unfallbereich das KUVG aus dem Jahre 1912 ablöste. Dieses Gesetz erweiterte einerseits das Versicherungsobligatorium und schuf andererseits für die SUVA eine neue Rechtsgrundlage. Für die Durchführung der obligatorischen Unfallversicherung wurden neben der SUVA neu auch andere Versicherer zugelassen.

Heute sind alle in der Schweiz beschäftigten Arbeitnehmer, Lehrlinge und Personen in einer Praktikantenstelle obligatorisch unfallversichert. Ebenfalls versichert sind Arbeitslose, die Anspruch auf Arbeitslosenentschädigung haben. Selbständig Erwerbende und ihre mitarbeitenden Familienmitglieder können sich freiwillig versichern. Wer mindestens acht Stunden pro Woche bei einem Arbeitgeber beschäftigt ist, geniesst Schutz bei Berufs- und Nichtberufsunfällen. Das umfassende Obligatorium besteht seit 1984. Vorher waren nur einzelne Wirtschaftszweige wie die Industrie, das Baugewerbe usw. dem Obligatorium unterstellt. Nicht versichert sind die nicht erwerbstätigen Personen, wie Hausmänner und Hausfrauen, Studentinnen und Studenten, Rentnerinnen und Rentner. Diese müssen sich im Rahmen der obligatorischen Krankenversicherung gegen Unfälle versichern und geniessen somit ebenfalls einen umfassenden Versicherungsschutz gegen Krankheit und Unfall. Die obligatorische Unfallversicherung ist eine Personenversicherung, welche die wirtschaftlichen Folgen von Berufsunfällen, Nichtberufsunfällen und Berufskrankheiten abdeckt. Mit ihren Leistungen hilft sie, die Schäden wieder gutzumachen, die bezüglich Gesundheit und Erwerbstätigkeit entstehen, wenn die Versicherten verunfallen oder beruflich erkranken.

Bei den Unfällen wird zwischen Berufsunfällen und Nichtberufsunfällen unterschieden.

Unter die Berufsunfälle fallen alle Unfälle, die sich bei der Ausübung des Berufs ereignen. Unfälle während der Arbeitspausen sowie vor und nach der Arbeit gelten als Berufsunfälle, sofern sich die versicherte Person befugterweise am Arbeitsplatz oder im Bereiche der mit seiner beruflichen Tätigkeit zusammenhängenden Gefahren aufgehalten hat.

Als Nichtberufsunfälle gelten alle andern Unfälle. Dazu zählen insbesondere Unfälle auf dem Arbeitsweg, Freizeitunfälle, Verkehrsunfälle oder Unfälle im Haushalt.

Als Berufskrankheiten gelten Krankheiten, die bei der beruflichen Tätigkeit ausschliesslich oder vorwiegend durch schädigende Stoffe oder bestimmte Arbeiten verursacht worden sind. Andere Krankheiten gelten nur dann als Berufskrankheiten, wenn nachgewiesen werden kann, dass sie ausschliesslich oder stark überwiegend durch die berufliche Tätigkeit herbeigeführt worden sind.

Die Versicherung beginnt am Tag der geplanten oder tatsächlichen Arbeitsaufnahme, spätestens aber, wenn sich die Person auf den Weg zur Arbeit begibt. Sie endet am 30. Tag nach dem Tag, an dem der Anspruch auf mindestens den halben Lohn aufhört. Als Lohn gelten in diesem Fall auch Taggelder der obligatorischen Unfallversicherung, der Militärversicherung, der Invalidenversicherung, der Erwerbsersatzordnung, der Krankenkasse und der privaten Kranken- und Unfallversicherungen, welche die Lohnfortzahlung ersetzen, sowie Zahlungen der Mutterschaftsversicherung. Der versicherte Verdienst ist begrenzt und liegt bei CHF 106'800 pro Jahr (Stand 2006).

Arbeitnehmer, die nicht nur gegen Berufsunfälle, sondern auch gegen Nichtberufsunfälle obligatorisch versichert sind, können die Unfalldeckung bei der obligatorischen Krankenversicherung sistieren. Die Krankenversicherungsprämie wird entsprechend herabgesetzt.

## 4.1 Die Leistungen

Die Versicherungsleistungen setzen sich zusammen aus den Pflegeleistungen und Kostenvergütungen (Heilkosten) sowie Geldleistungen.

Die Pflegeleistungen und Kostenvergütungen umfassen die ambulante Behandlung, Medikamente, Spitalkosten in der allgemeinen Abteilung sowie Kuren. Die freie Wahl von Arzt, Zahnarzt, Chiropraktiker, Apotheke und Spital ist gewährleistet.

Vergütet werden die Kosten für die Rettung, für Hilfsmittel sowie allfällige Transporte.

Zu den Geldleistungen zählen die Taggelder, Invalidenrenten, Hinterlassenenrenten, Hilflosenentschädigungen und Integritätsentschädigungen.

### 4.1.1 Das Taggeld

Ist die versicherte Person infolge eines Unfalls voll oder teilweise arbeitsunfähig, so hat sie Anspruch auf ein Taggeld. Dieses wird ab dem 3. Tag nach dem Unfall an für jeden Kalendertag bezahlt. Es beträgt bei voller Arbeitsunfähigkeit 80% des versicherten Verdienstes, bei teilweiser Arbeitsunfähigkeit entsprechend weniger.

### 4.1.2 Die Invalidenrente

Wird die versicherte Person infolge des Unfalls invalid, so hat sie Anspruch auf eine Invalidenrente. Sie beträgt bei Vollinvalidität 80% des versicherten Verdienstes, bei Teilinvalidität entsprechend weniger. Hat die versicherte Person Anspruch auf eine IV- oder AHV-Rente, so wird ihr von der Unfallversicherung eine Komplementärrente gewährt. Diese wird so bemessen, dass sie zusammen mit der IV- bzw. der AHV-Rente 90% des versicherten Verdienstes nicht übersteigt.

### 4.1.3 Die Hinterlassenenrente

Stirbt die versicherte Person an den Folgen des Unfalls, so haben der überlebende Ehepartner und die Kinder Anspruch auf Hinterlassenenrenten. Haben die Hinterlassenen Anspruch auf eine IV- oder AHV-Rente, so wird ihnen analog zum Invaliditätsfall eine Komplementärrente gewährt. Die Hinterlassenenrente wird in Prozenten des massgeblichen versicherten Verdienstes berechnet und beträgt für Witwen und Witwer 40%, für Halbwaisen 15% und für Vollwaisen 25%. Für alle Hinterlassenen zusammen jedoch maximal 70%.

### 4.1.4 Die Hilflosenentschädigung

Bedarf die versicherte Person wegen der Invalidität für die alltäglichen Lebensverrichtungen dauernd der Hilfe Dritter oder der persönlichen Überwachung, so hat sie Anspruch auf eine Hilflosenentschädigung.

### *4.1.5 Die Integritätsentschädigung*

Erleidet eine versicherte Person durch den Unfall eine dauernde erhebliche Schädigung der körperlichen oder geistigen Integrität, so hat sie Anspruch auf eine angemessene Integritätsentschädigung in Form einer Kapitalleistung. Diese wird entsprechend der Schwere der Schädigung festgelegt.

## 4.2 Die Finanzierung

Die Finanzierung der obligatorischen Unfallversicherung erfolgt über Prämien, erhoben prozentual auf den versicherten Verdienst. Die Prämien für die Versicherung der Berufsunfälle und Berufskrankheiten werden vollumfänglich vom Arbeitgeber getragen.

Die Arbeitnehmer zahlen im Gegenzug die Prämien für die Nichtbetriebsunfälle. Der Arbeitgeber schuldet den gesamten Prämienbetrag, wobei er den Anteil der Arbeitnehmerseite vom Lohn abzieht.

Die Prämien werden in Promillen des versicherten Verdienstes festgelegt. Sie bestehen aus einer dem Risiko entsprechenden Nettoprämie und verschiedenen Zuschlägen. Für die Bemessung werden die Betriebe nach ihrer Art und ihren Verhältnissen in Klassen und Stufen des Prämientarifs eingeteilt. In der Tabelle 15 sind diese aufgeführt.

| **Nichtbetriebsunfälle (NBU):** | |
|---|---|
| SUVA: Bruttoprämiensätze (Nettoprämiensatz und verschiedene Zuschläge) | 15,50‰ bis 21,10‰ |
| Versicherer nach UVG Art. 68 (private Versicherungseinrichtungen, öffentliche Unfallversicherungskassen und Krankenkassen); Nettoprämiensätze | 8,23‰ bis 17,04‰ |
| **Berufsunfälle und Berufskrankheiten (BU): Nettoprämiensätze** | |
| SUVA | 0,20‰ bis 287,20‰ |
| Versicherer nach UVG Art. 68 (private Versicherungseinrichtungen, öffentliche Unfallversicherungskassen und Krankenkassen) | 0,41‰ bis 171,93‰ |
| **Höchstbetrag des versicherten Verdienstes** | CHF 106'800/Jahr |

**Tabelle 15:** Beiträge vom prämienpflichtigen Verdienst je nach Risiko (Stand 2006)
Quelle: Bundesamt für Sozialversicherung

## 4.3 Durchführung und Aufsicht

Das BAG führt im Auftrage des Bundesrates die Oberaufsicht über den Gesetzesvollzug.

Die obligatorische Unfallversicherung wird von folgenden Einrichtungen betrieben:

- der Schweizerische Unfallversicherungsanstalt SUVA,
- privaten Versicherungen,
- anerkannten Krankenkassen,
- öffentlichen Unfallversicherungskassen,
- der Ersatzkasse.

Im Gesetz werden die Betriebe und Verwaltungen festgehalten, die zum Tätigkeitsbereich der SUVA gehören. Es handelt sich weitgehend um Betriebe der Industrie, des industriellen Handels, um bestimmte Kategorien von Gewerbebetrieben und um die Bundesverwaltung. Der SUVA sind also vorwiegend Betriebe aus dem sekundären Wirtschaftssektor zugeteilt. Sie hat hier das Monopol. Die übrigen Betriebe aus dem Dienstleistungssektor sowie die Landwirtschaft fallen in den Zuständigkeitsbereich der übrigen Versicherer. Die SUVA darf hier nicht tätig sein. Verunfallte Arbeitnehmer, für deren Versicherung nicht die SUVA zuständig ist und die vom Arbeitgeber nicht versichert worden sind, erhalten von der Ersatzkasse bei einem Unfall oder bei Berufskrankheiten die notwendigen Leistungen. Das UVG sieht vor, dass die neben der SUVA zugelassenen Unfallversicherer diese Ersatzkasse führen und zur Finanzierung einen Anteil der Prämieneinnahmen an diese überweisen. Der Anteil wird so bemessen, dass die Ersatzkasse alle Aufwendungen, die nicht durch Direkteinnahmen gedeckt sind, finanziert und für Dauerverpflichtungen angemessene Reserven bilden kann.

## 4.4 Ausblick

Mit dem umfassenden Versicherungsobligatorium für alle Arbeitnehmer und der Zulassung privater Unfallversicherer hat die SUVA Konkurrenz erhalten. Das wäre an sich gut, wenn nicht die Aufteilung etwas ungerecht erfolgte. So ist die

SUVA vorab zuständig für die Wirtschaftsbereiche mit grösseren Unfallrisiken und die privaten Unfallversicherer teilen sich die besseren Risiken unter sich auf. Tabelle 15 zeigt die entsprechenden Folgen. So zahlen Arbeitgeber, die ihre Arbeitnehmer bei der SUVA versichern (müssen) in der Regel höhere Prämien als die Arbeitgeber, die in den Tätigkeitsbereich der privaten Unfallversicherer gehören. Es ist zu hoffen, dass der Gesetzgeber da bald Abhilfe schafft. SUVA und private Unfallversicherer sollen echt in Wettbewerb treten können, d. h., dass der SUVA der Zutritt zu allen Wirtschaftsbereichen ermöglicht werden sollte. Die Privatversicherer andrerseits sollten auch die Möglichkeit erhalten im sekundären Wirtschaftssektor tätig zu werden. Ob sie dies allerdings auch wollen, ist eine andere Frage.

## 5. Die Militärversicherung

Die Militärversicherung (MV) ist das älteste Sozialversicherungswerk. Bereits im Jahre 1852 wurde mit dem Bundesgesetz über die Pensionen und Entschädigungen der im eidgenössischen Militärdienst Verunglückten oder ihrer Angehörigen für die Wehrmänner auch in Friedenszeiten eine eigentliche sozialversicherungsrechtliche Ordnung geschaffen. Die heutige Militärversicherung wird zu den Sozialversicherungen gezählt, obwohl sie eigentlich keine Versicherung ist. Dies wird beim Lesen der Verfassungsgrundlage ersichtlich:

*«Art. 59 Militär- und Ersatzdienst*

*1 Jeder Schweizer ist verpflichtet, Militärdienst zu leisten. Das Gesetz sieht einen zivilen Ersatzdienst vor.*

*2 Für Schweizerinnen ist der Militärdienst freiwillig.*

*3 Schweizer, die weder Militär- noch Ersatzdienst leisten, schulden eine Abgabe. Diese wird vom Bund erhoben und von den Kantonen veranlagt und eingezogen.*

*4 Der Bund erlässt Vorschriften über den angemessenen Ersatz des Erwerbsausfalls.*

*5 Personen, die Militär- oder Ersatzdienst leisten und dabei gesundheitlichen Schaden erleiden oder ihr Leben verlieren, haben für sich oder ihre Angehörigen Anspruch auf angemessene Unterstützung des Bundes.»*

Die Militärversicherung stützt sich in der Verfassung auf den Art. 59 Militär und Ersatzdienst des Abschnittes «Sicherheit, Landesverteidigung, Zivilschutz» ab, während die Sozialversicherungen die Verfassungsgrundlage im Abschnitt «Wohnen, Arbeit, soziale Sicherheit und Gesundheit» haben. Die wortgleiche Regelung wurde für den Zivilschutz in Art. 61 der Bundesverfassung festgelegt.

Der Bund haftet für alle gesundheitlichen Schäden und bei Todesfällen bei Personen, die Militär-, Ersatz- oder andere Dienste leisten. Es werden deshalb auch keine Versicherungsprämien erhoben und die Ausgaben werden direkt aus Bundesmitteln finanziert.

## 5.1 Der versicherte Personenkreis

Zu den versicherten Personen gehört,

- wer im obligatorischen oder freiwilligen Militär-, Zivil- oder Zivilschutzdienst steht,
- wer beruflich militärversichert ist, als Instruktor der Armee oder des Zivilschutzes, als Angehöriger des Festungswachkorps usw.
- wer zufolge eines Aufgebotes teilnimmt an Aushebungen, sanitärischen Untersuchungen der Armee oder des Zivilschutzes, Waffen- und Ausrüstungsinspektionen usw.
- wer als Stellungspflichtiger der Armee zufolge eines Aufgebots an der Einschreibung und Information zur Aushebung teilnimmt,
- wer auf Einladung der Zivilschutzstelle an der Einschreibung und Information zur Einteilung in den Zivilschutz teilnimmt,
- wer teilnimmt an der militärtechnischen Vorbildung, den ausserdienstlichen Schiessübungen, einer freiwilligen militärischen oder wehrsportlichen Tätigkeit, einer freiwilligen Zivilschutztätigkeit ausser Dienst, an militärischen Übungen und an Instruktionsdiensten des Zivilschutzes als Zivilperson usw.,
- wer beim Einsatz einer Zivilschutzorganisation im Sinne des Zivilschutzgesetzes Hilfe leistet,
- wer als Patient auf Kosten der Militärversicherung in einer Heil-, Kur- oder Pflegeanstalt oder in einer Abklärungsstelle untergebracht ist,
- wer als Wehrpflichtiger eine Arreststrafe verbüsst, in militärischer Untersuchungshaft steht oder vorläufig festgenommen ist,
- wer an friedenserhaltenden Aktionen und Guten Diensten des Bundes oder an der Vorbereitung solcher Aktionen teilnimmt und dafür in einem öffentlichrechtlichen Dienstverhältnis zum Bund steht,
- wer als Angehöriger des Schweizerischen Katastrophenhilfskorps an Aktionen des Bundes oder an der Vorbereitung solcher Aktionen teilnimmt und dafür in einem öffentlichrechtlichen Dienstverhältnis zum Bund steht.

## 5.2 Dauer des Versicherungsschutzes

Die Versicherung erstreckt sich auf die ganze Dauer der Dienst- oder Kursleistung bzw. der versicherten Tätigkeit. Der Hin- und Rückweg ist ebenfalls versichert, sofern er innert angemessener Frist zurückgelegt wird. Versicherungsschutz besteht auch im allgemeinen und im persönlichen Urlaub.

## 5.3 Die Leistungen

Die Leistungen der Militärversicherung sind umfassend und entsprechen weitgehend denjenigen der Unfallversicherung (siehe Kapitel 4). Jeder Versicherte hat demnach Anspruch auf eine zweckmässige und wirtschaftliche Heilbehandlung, die geeignet ist, seinen Zustand oder seine Erwerbstätigkeit zu verbessern oder vor weiterer Beeinträchtigung zu bewahren. Nebst dem Anspruch auf Heilbehandlung stehen dem Versicherten Taggeldleistungen, Zulagen, je nachdem eine Invaliden- oder Hinterlassenenrente usw., zu, dies analog zur Unfallversicherung. Entsteht dem Selbständigerwerbenden während der Dauer der Arbeitsunfähigkeit wegen der Struktur seines Betriebes durch weiterlaufende feste Betriebskosten ein zusätzlicher Schaden, so wird ihm dieser angemessen vergütet, soweit er trotz sorgfältiger Betriebsführung unvermeidlich ist. Kann ein Selbständiger infolge der Gesundheitsschädigung seinen Betrieb aus dem Taggeld und einer allfälligen Entschädigung nicht aufrechterhalten, so können ihm zusätzliche Entschädigungen ausgerichtet werden, zusammen mit der regulären Entschädigung aber maximal der doppelte Betrag des höchstanrechenbaren Jahresverdienstes. Ansonsten haben Selbständigerwerbende Anspruch auf dieselben Leistungen wie die übrigen Versicherten.

Die Militärversicherung sieht weiter folgende Leistungen vor: Reise- und Bergungskosten, Zulagen für Hauspflege oder Kuren sowie Hilflosenentschädigung, Entschädigungen für die Verzögerung der Berufsausbildung, Eingliederungsleistungen, Integritätsschadenrenten, Kostenübernahme von Sachschäden, Genugtuung, Bestattungsentschädigung, Entschädigung für Berufsausbildungskosten.

## 5.4 Die Durchführung und Aufsicht

Die Durchführung der Militärversicherung obliegt dem Bundesamt für Militärversicherung BAMV, das auf den 1. Juli 2005 organisatorisch in die SUVA integriert wurde. Es ist dezentral organisiert und führt Verwaltungseinheiten in Bern, Genf (Carouge), St.Gallen und Bellinzona sowie die Eidgenössische Rehabilitationsklinik in Novaggio. Die Aufsicht über die Militärversicherung üben Bundesrat und Parlament im Rahmen der üblichen Verwaltungsaufsicht aus.

## 5.5 Ausblick

Wie eingangs ausgeführt handelt es sich bei der Militärversicherung nicht um eine eigentliche Versicherung. Der Bund haftet nebst Sachschäden für alle Schäden, die Personen bei der Ausübung ihres Dienstes im Militär und im zivilen Ersatzdienst erleiden. Der Ursprung dieser an sich sehr grosszügigen Regelung geht zurück in eine Zeit, in der noch keine weiteren Sozialversicherungen bestanden. Heute sind alle Personen gegen die wirtschaftlichen Folgen der grossen Risiken wie Unfall, Krankheit, Tod, Invalidität usw. sozialversichert. Es stellt sich deshalb schon die Frage, ob es die Militärversicherung noch braucht. Der Bund könnte z.B. für die Zeit der Dienstleistungen die Versicherungsprämien der entsprechenden Sozialversicherungen übernehmen, und dies in Form von Pauschalbeträgen. Es würden nebst grossen Einsparungen damit auch die manchmal doch störend wirkenden Unterschiede im Leistungsniveau und im Leistungsumfang zwischen der Militärversicherung und den andern Sozialversicherungen aufgehoben.

# 6. Die Erwerbsersatzordnung

Die Erwerbsersatzordnung (EO) ersetzt Personen, die Militär, Zivil- oder Zivilschutzdienste leisten, einen Teil des Verdienstausfalls. Wie die Militärversicherung (Kapitel 5) findet sie die Verfassungsgrundlage in Art. 59 für den Militär- und Zivildienst und in Art. 61 für den Zivilschutz. Eingeführt wurde die Erwerbsersatzordnung während des Zweiten Weltkrieges und hiess damals noch «Wehrmannsschutz».

Die EO ist wie die Invalidenversicherung eng mit der AHV verbunden. Sie erfasst grundsätzlich die ganze Bevölkerung, auch Frauen und Ausländerinnen und Ausländer mit Wohnsitz in der Schweiz. Dies ohne Rücksicht darauf, ob die einzelne Person je in der Lage kommen wird, Schweizer Militär-, Zivil- oder Zivilschutzdienst zu leisten.

## 6.1 Der anspruchsberechtigte Personenkreis

Anspruch auf Erwerbsausfallentschädigung haben in der Schweiz oder im Ausland wohnende Personen, die

- in der Schweizer Armee und im Rotkreuzdienst Dienst leisten, für jeden besoldeten Diensttag;
- Zivildienst anstelle des Militärdienstes leisten, für jeden anrechenbaren Diensttag;
- Zivilschutz leisten, für jeden besoldeten Diensttag;
- an eidgenössischen oder kantonalen Leiterkursen von Jugend und Sport teilnehmen, für jeden Kurstag, für den sie ein Kursgeld erhalten;
- an Jungschützenleiterkursen teilnehmen, für jeden Kurstag, für den sie den Funktionssold erhalten.

## 6.2 Beginn und Ende der Versicherungspflicht

Die Regelung ist analog der AHV/IV, das heisst: Alle Personen, die eine Erwerbstätigkeit ausüben, müssen Beiträge an die EO bezahlen. Folgende Ausnahmen gelten: Erwerbstätige Jugendliche bezahlen bis zum Ablauf des Kalenderjahres, in welchem sie 17 Jahre alt werden, keine Beiträge. Jugendliche Familienmitglieder, die im Familienbetrieb mitarbeiten und keinen Barlohn beziehen, müssen bis zum 31. Dezember nach ihrem 20. Geburtstag keine Beiträge an die EO bezahlen.

Die Beitragspflicht endet, sobald jemand das ordentliche Rentenalter erreicht und die Erwerbstätigkeit aufgegeben hat. Wer nach Erreichen des Rentenalters noch arbeitet, muss weiterhin Beiträge bezahlen. Ebenfalls beitragspflichtig sind Personen, die keiner Erwerbstätigkeit nachgehen, ab dem 1. Januar nach ihrem 20. Geburtstag.

## 6.3 Die Finanzierung

Die EO-Leistungen werden ausschliesslich aus Lohnbeiträgen finanziert. Diese werden zusammen mit den Beiträgen für die AHV/IV erhoben. Unselbständigerwerbende zahlen 0,3 % des AHV-pflichtigen Einkommens. Sie werden von den Arbeitgebern und Arbeitnehmern je zur Hälfte getragen (je 0,15 %). Selbständigerwerbende zahlen 0,3 %, profitieren aber wie bei der AHV von der sinkenden Beitragsskala bei tiefen Einkommen. Nichterwerbstätige bezahlen je nach Vermögen im Minimum CHF 13 und im Maximum CHF 300. Erwerbstätige AHV-Rentnerinnen und -Rentner zahlen auf Einkommen über dem monatlichen Einkommensfreibetrag von CHF 1400 ebenfalls 0,3% an EO-Beiträgen.

## 6.4 Die Leistungen

Die EO gewährt neben einer Grundentschädigung auch Kinder-, Betreuungskostenzulagen sowie Betriebszulagen.

Die Grundentschädigung steht allen Dienst leistenden Personen zu, unabhängig von ihrem Zivilstand. Im Gegensatz z.B. zur Arbeitslosenversicherung richtet die EO für jeden Einsatztag inklusive Samstage und Sonntage eine Entschädigung aus. Die Höhe misst sich am vordienstlichen Einkommen und beträgt für Rekruten mindestens CHF 54 und maximal CHF 160 pro Tag.

Eine Kinderzulage erhält, wer für Kinder unter 18 Jahren sorgt. Für Kinder in Ausbildung werden die Zulagen bis zum 25. Altersjahr bezahlt. Die Kinderzulage wird ebenfalls bezahlt für Pflegekinder und aussereheliche Kinder, für die der Dienstleistende Unterhaltsbeiträge bezahlt.

Wenn bei Diensten von mindestens zwei aufeinander folgenden Tagen zusätzliche Kosten für die Kinderbetreuung entstehen, werden diese nach dem ausgewiesenen Betrag bezahlt. Die Dienst leistenden Personen müssen mit mindestens einem Kind unter 16 Jahren in einem gemeinsamen Haushalt leben.

Die Betriebszulage ist für Dienstleistende vorgesehen, welche die Kosten eines Betriebes tragen (Geschäftsräume usw.) und den überwiegenden Teil ihres Einkommens aus einer selbständigen Erwerbstätigkeit erzielen. In Tabelle 16 sind die Leistungen der EO aufgeführt und die Tabelle 17 zeigt eine Übersicht über die bezugsberechtigten Personen.

| **Leistungen:** | |
|---|---|
| ***Grundentschädigung:*** | in CHF |
| 65% des durchschnittlichen vordienstlichen Erwerbseinkommens | |
| - während allgemeinen Diensten | 43 bis140 im Tag |
| - während Beförderungsdiensten | 97 bis 140 im Tag |
| - Rekruten ohne Kinder | 43 im Tag |
| | |
| ***Kinderzulage:*** | in CHF |
| - für das erste Kind | 43 im Tag |
| - für das zweite und weitere Kinder | 22 im Tag |
| Zulage für Betreuungskosten: effektive Zusatzkosten | Maximal 59 im Tag |
| Betriebszulage für Dienstleistende, die einen eigenen Betrieb führen | 59 im Tag |
| Höchstbetrag der Gesamtentschädigung | 215 im Tag |

**Tabelle 16:** Leistungen der EO in CHF (Stand 2006)
Quelle: Bundesamt für Sozialversicherung

| | | | | | | | Total | | |
|---|---|---|---|---|---|---|---|---|---|
| **Jahr** | **Armee** | **Zivil-dienst** | **Zivil-schutz** | **Rekru-tierung** | **Jugend + Sport** | **Jung-schützen-leiterkurs** | **Männer** | **Frau-en** | **Männer und Frauen** |
| 1991 | 308’746 | - | 176’842 | - | 8’757 | 68 | 484’598 | 9’815 | **494’413** |
| 1995 | 244’818 | 419 | 147’841 | - | 10’859 | 165 | 397’493 | 6’609 | **404’102** |
| 2000 | 197’690 | 2’421 | 111’352 | - | 9’782 | 38 | 316’013 | 5’270 | **321’283** |
| 2001 | 208’007 | 2’833 | 96’394 | - | 9’443 | 106 | 311’933 | 4’850 | **316’783** |
| 2002 | 200’570 | 3’697 | 89’182 | - | 8’790 | 200 | 297’673 | 4’766 | **302’439** |
| 2003 | 207’992 | 4’278 | 76’206 | 15’596 | 14’062 | 242 | 312’278 | 6’098 | **318’376** |

**Tabelle 17:** Bezüger und Bezügerinnen der EO nach Art des Dienstes 1991–2003
Quelle: Bundesamt für Sozialversicherung

## 6.5 Die Durchführung und Aufsicht

Für die Durchführung sind analog zur AHV die Ausgleichskassen zuständig. Die Erwerbsausfallentschädigung wird der Dienst leistenden Person bzw. bei Lohnfortzahlung während des Dienstes an deren Arbeitgeber ausgerichtet. Die Dienst leistende Person erhält am Ende des Dienstes, bei längeren Diensten erstmals nach zehn Diensttagen und hierauf in der Regel am Ende des Monats vom zuständigen Rechnungsführer eine Meldekarte, auf der die Zahl der geleisteten Diensttage bescheinigt ist. Sie macht auf der Meldekarte die verlangten Angaben über die persönlichen Verhältnisse und leitet die Meldekarte weiter an den Arbeitgeber. Dieser bescheinigt darauf den von der Dienst leistenden Person vor dem Einrücken bezogenen Lohn und leitet die Meldekarte an die zuständige Ausgleichskasse weiter. Selbständigerwerbende oder Nichterwerbstätige reichen die Meldekarte direkt bei der für sie zuständigen Ausgleichskasse ein. Die Aufsicht obliegt wie bei der AHV dem Bundesamt für Sozialversicherung.

## 6.6 Ausblick

Die EO wurde im Laufe der Jahre mehrmals revidiert und die Leistungen den gesellschaftlichen Veränderungen und den gestiegenen Lebenshaltungskosten angepasst.

Gleich geblieben ist die Finanzierung über Lohnprozente. Hier stellt sich die Frage, ob dies auch künftig so bleiben soll. Armee, Zivilschutz und Zivildienst sind Institutionen unseres Staates. Sie dienen der inneren und äusseren Sicherheit unseres Landes und somit letztlich allen. Unsere Wirtschaft fordert immer stärker, dass die Lohnnebenkosten nicht mehr weiter wachsen dürfen. Auch wenn die EO nur wenig zu den Lohnnebenkosten beiträgt, könnte sie über allgemeine Steuermittel und insbesondere durch eine Vermögensbesteuerung finanziert werden. Es würden insbesondere auch die Beiträge leisten, die über hohe Vermögen verfügen und kleine Einkommen ausweisen und die von der inneren und äusseren Sicherheit unseres Landes ebenso oder noch mehr profitieren als z.B. ein Gastarbeiter.

# 7. Die Mutterschaftsversicherung

Seit dem 1. Juli 2005 existiert in unserem Land eine Mutterschaftsversicherung, die allerdings mit Blick auf die Bedeutung der Mutterschaft für unser Land eine äusserst bescheidene Lösung darstellt.

Angefangen hat der gesetzliche Schutz der Mutterschaft in der Schweiz im vorletzten Jahrhundert, als für Schwangere und Wöchnerinnen in den vorerst kantonalen Fabrikgesetzen Ruhezeiten vorgeschrieben wurden. Später folgten die Übernahme der Krankenpflegekosten bei Mutterschaft durch die Krankenversicherung und die im Obligationenrecht verankerte Pflicht, bei Mutterschaft in beschränktem Umfange den Lohn weiterzuzahlen. Die letzte Verbesserung erfolgte im Jahre 1988, als der Kündigungsschutz auf die ganze Dauer der Schwangerschaft und die 16 Wochen nach der Geburt ausgedehnt wurde. Eine eigentliche Mutterschaftsversicherung, die die Pflegekosten und auch den Lohnersatz beim Mutterschaftsurlaub übernimmt, liess lange, sehr lange auf sich warten. Im Jahre 1945 stimmten Volk und Stände dem Familienschutzartikel $34^{quinquies}$ (neu Art. 116) der Bundesverfassung zu.

*«Art. 116 Familienzulagen und Mutterschaftsversicherung*

*1 Der Bund berücksichtigt bei der Erfüllung seiner Aufgaben die Bedürfnisse der Familie. Er kann Massnahmen zum Schutz der Familie unterstützen.*

*2 Er kann Vorschriften über die Familienzulagen erlassen und eine eidgenössische Familienausgleichskasse führen.*

*3 Er richtet eine Mutterschaftsversicherung ein. Er kann auch Personen zu Beiträgen verpflichten, die nicht in den Genuss der Versicherungsleistungen gelangen können.*

*4 Der Bund kann den Beitritt zu einer Familienausgleichskasse und die Mutterschaftsversicherung allgemein oder für einzelne Bevölkerungsgruppen obligatorisch erklären und seine Leistungen von angemessenen Leistungen der Kantone abhängig machen.»*

Trotz dieses klaren Verfassungsauftrages scheiterten verschiedene Versuche eine Mutterschaftsversicherung einzuführen. Das letzte Volks-Nein bei einer Referendumsabstimmung gab es im Jahre 1999. Vorgesehen war damals ein Mutterschaftsurlaub von 14 Wochen mit einer Entschädigung von 80 % des versicherten Verdienstes, finanziert durch 0,2 Lohnprozente, sowie eine einmalige Grundleistung für Mütter in bescheidenen wirtschaftlichen Verhältnissen, finanziert durch allgemeine Bundesmittel. Da die Abstimmung eine regelrechte Kluft zwischen dem Ja der Westschweiz und dem Nein der Deutschschweiz ergab, beschloss der Grosse Rat des Kantons Genf im Jahre 2000 eine kantonale Mutterschaftsversicherung. Begründet wurde dieser Schritt unter anderem auch mit der inakzeptablen Situation, dass Arbeitnehmerinnen nach den Bestimmungen des Arbeitsrechts nach der Geburt eines Kindes während 8 Wochen gar nicht und während acht weiteren Wochen nur unter bestimmten Voraussetzungen arbeiten dürfen und der Lohnausfall nur teilweise ersetzt wird.

Dieses Signal wurde im Bundesparlament verstanden und führte zum Einreichen einer parlamentarischen Initiative, die eine Revision der Erwerbsersatzordnung EO vorschlug. Die Erwerbsersatzansprüche sollten neu nicht nur für Dienstleistende der Armee, des Zivilschutzes und des Zivildienstes gelten, sondern auch und nur für erwerbstätige Mütter, und dies während 14 Wochen. Bundesrat und Parlament stimmten diesem Vorschlag zu und nachdem auch gegen diese Minilösung das Referendum ergriffen wurde, dies allerdings erfolglos, trat die neue Erwerbsersatzregelung für Dienstleistende und bei Mutterschaft am 1. Juli 2005 in Kraft.

Im Gegensatz zur Schweiz regeln die meisten europäischen Staaten den Schutz für erwerbstätige Mütter und ihre Neugeborenen bedeutend besser und umfassender. Zusätzlich zum Mutterschaftsurlaub von 14 Wochen oder mehr besteht in diesen Ländern auch ein Anspruch auf Elternurlaub. Dieser wird indes nicht in allen Ländern entschädigt. Tabelle 18 gibt eine Übersicht über den Mutterschaftsschutz in europäischen Ländern.

| Land | **Mutterschaftsurlaub** (in Wochen) | **Höhe der Entschädigung** |
|---|---|---|
| Belgien | 15 (17 bei Mehrlingsgeburten) | 82% des Lohnes (ohne Höchstgrenze) während der ersten 30 Tage, danach 75% des plafonierten Lohnes, jedoch höchstens € 101/ Tag |
| Dänemark | Zunächst 18 für die Mutter, danach teilen sich die Eltern 32 weitere Wochen | Arbeitnehmende: wird auf der Basis des Lohnes und der Anzahl Arbeitsstunden berechnet. Selbstständigerwerbende: wird auf der Basis des Einkommens aus der selbstständigen Tätigkeit berechnet. Höchstgrenze: DDK 3203/ Woche(~ CHF 655). |
| Deutschland | 14 (18 bei Mehrlings- oder Frühgeburten) | Höchstens € 13/Tag. Der Arbeitgeber übernimmt die Differenz bis zum vollen Durchschnitts-Nettolohn der letzten 13 Wochen. |
| Finnland | 105 Tage | Erwerbstätige: 70% des Einkommens, wenn das jährliche Einkommen zwischen € 1026 und € 26’720 beträgt; 40% davon, wenn das Jahreseinkommen zwischen € 26’721 und €41’110 liegt und 25% bei einem Jahreseinkommen von über € 41’110. Nichterwerbstätige: mindestens € 11/Tag. |
| Frankreich | 16 (18 bei einer problematischen Schwangerschaft, 26 für das dritte Kind, 34 bei Zwillingen, 46 bei Mehrlingsgeburten) | 100% des Nettolohnes; mindestens € 8/Tag, höchstens € 66/Tag. |
| Griechenland | 119 Tage | Ca. 100% des letzten Lohnes, jedoch mindestens €6/Tag. Höchstbetrag bei 4 unterhaltsberechtigten Personen z.B. € 56/Tag. |
| Irland | 18 | 70% vom Durchschnittseinkommen des massgeblichen Steuerjahres, jedoch mindestens € 142/Woche und höchstens € 232/Woche. |
| Italien | 5 Monate | 80% des Lohnes |
| Liechtenstein | 20 | 80% des Lohnes |

| | | |
|---|---|---|
| Luxemburg | 16 (20 bei Mehrlings- oder Frühgeburten) | 100% des Einkommens |
| Niederlande | 16 | Arbeitnehmerinnen: 100% des Lohnes, höchstens jedoch € 167/Tag. Selbstständigerwerbende: 100% des Einkommens, höchstens jedoch € 1265/Monat. |
| Norwegen | 42 bei einer Vollzeitbeschäftigung (100%) oder 52 bei einer Teilzeitbeschäftigung (80%), 4 davon für den Vater | 100 bzw. 80% des Einkommens, höchstens jedoch NOK 341'166/Jahr (~ CHF 60'728). |
| Österreich | 16 (20 bei Mehrlings- oder Frühgeburten) | 100% des durchschnittlichen Nettolohnes der letzten 13 Wochen. |
| Portugal | 120 Tage (+ 30 Tage für jedes Kind bei Mehrlingsgeburten) | 100% des Lohnes, jedoch mindestens € 183/ Tag. |
| Spanien | 16 (+ 2 je Kind bei Mehrlingsgeburten) | 100% des letzten vor dem Arbeitsunterbruch bezogenen Lohnes. |
| Schweden | 50 Tage für die Mutter vor der Geburt und 480 Tage für Mutter oder Vater nach der Geburt | Schwangerschaftsgeld: 80% des Einkommens, jedoch höchstens SEK 294'700/Jahr (~ CHF 48'183). Elternschaftsgeld: 80% des Einkommens während 390 Tagen (mindestens SEK 180/Tag [~ CHF 29], höchstens SEK 646/Tag [~ CHF 106]) und SEK 60/Tag [~ CHF 10] während der verbleibenden 90 Tage. |
| Schweiz | 14 | 80% des vor der Geburt des Kindes erzielten durchschnittlichen Erwerbseinkommens, jedoch höchstens CHF 172/Tag. |
| Vereinigtes Königreich | 26 | 90% des Lohnes während den ersten 6 Wochen, £ 100/Woche (~ CHF 226) während der restlichen 20 Wochen. |

**Tabelle 18:** Mutterschaftsschutz in europäischen Ländern
Quelle: Bundesamt für Sozialversicherung

## 7.1 Die Leistungen

Anspruch auf die Mutterschaftsentschädigung nach EO haben erwerbstätige Mütter, die

- während den der Geburt des Kindes unmittelbar vorangehenden neun Monaten der AHV-Versicherungspflicht unterstanden,
- in dieser Zeit mindestens fünf Monate erwerbstätig waren und
- im Zeitpunkt der Niederkunft Arbeitnehmerin oder Selbständigerwerbende waren oder für einen Barlohn im Familienbetrieb mitgearbeitet haben.

Die Mutterschaftsentschädigung wird als Taggeld während längstens 14 Wochen ausgerichtet und beträgt 90% des vor der Geburt des Kindes erzielten durchschnittlichen Erwerbseinkommens, jedoch höchstens CHF 172 pro Tag. Nimmt die Mutter vor Ablauf von 14 Wochen ihre Erwerbstätigkeit ganz oder teilweise wieder auf, so endet der Anspruch. Bei der Mutterschaftsentschädigung der EO handelt es sich um Mindestbestimmungen. Darüber hinausgehende Leistungen wie höheres Taggeld und längere Bezugsdauer können weiterhin durch Gesamtarbeitsverträge vereinbart oder in öffentlich-rechtlichen Sonderbestimmungen wie beispielsweise kantonale Mutterschaftsversicherungen festgelegt werden. Die über die Mutterschaftsentschädigung nach EO hinausgehenden Leistungen müssen gesondert finanziert werden.

## 7.2 Die Finanzierung

Die Mutterschaftsentschädigung wird paritätisch durch Arbeitgeber- und Arbeitnehmerbeiträge nach der Erwerbsersatzordnung finanziert. In der Anfangsphase genügen die Reserven des EO-Fonds. Vorgesehen ist, dass nach ca. 3 Jahren nach Inkrafttreten der Regelung, also im Jahre 2008, die Lohnbeiträge um insgesamt 0,2% angehoben werden. Arbeitgeber und Arbeitnehmer zahlen dann je 0,1% mehr in die EO ein.

Berechnungen haben ergeben, dass mit der Einführung der Mutterschaftsversicherung die EO mit rund CHF 500 Millionen jährlich zusätzlich belastet wird, dass andrerseits die Arbeitgeber, die vor der Einführung nach bestehendem Arbeitsrecht ja auch Lohnfortzahlungen leisten mussten, um ca. CHF 380 Millionen jährlich entlastet wurden.

## 7.3 Durchführung und Aufsicht

Die Durchführung der Mutterschaftsversicherung erfolgt analog zur Erwerbsersatzordnung (Kapitel 6) und die Aufsicht wird vom Bundesamt für Sozialversicherung wahrgenommen.

## 7.4 Ausblick

Ein Blick in die Tabelle 18 (Seite 131/132) zeigt, dass die Schweiz innerhalb Europas im Bereiche der Mutterschaftsleistungen praktisch das Schlusslicht bildet. Die heutige Regelung über die Erwerbsersatzordnung kann nur als erster kleiner Schritt in die richtige Richtung eingestuft werden. Heute entscheidet in der Regel letztlich die Frau selbst, ob sie Kinder haben möchte. Dies ist gut so. Allerdings sollte der Staat die Rahmenbedingungen so gestalten, dass die Frau diesen Entscheid frei von finanziellen Bedenken fällen kann. Dazu braucht es eine umfassende Familien- und Kinderpolitik, die auch etwas kosten darf und muss. Kinder dürfen nicht ein Armutsrisiko sein. Da es immer wieder Frauen gibt, die relativ jung Kinder kriegen und oftmals noch gar nicht voll erwerbstätig waren, braucht es Mutterschaftsleistungen für alle Mütter. Mit Blick auf die Leistungen der EO für Armeeangehörige stellt sich doch die Frage, ob eine Mutterschaft nicht eine

ebenso bedeutende Leistung für unseren Staat beinhaltet wie die z.B. Absolvierung einer Rekrutenschule.

Warum denn soll eine nicht erwerbstätige, werdende Mutter keine Mutterschaftsleistung erhalten, während ein Student, der die Rekrutenschule absolviert, ein Taggeld bekommt?

## 8. Die Arbeitslosenversicherung

Wer in der Schweiz eine unselbständige Erwerbstätigkeit ausübt, ist gegen Arbeitslosigkeit versichert. Die Verfassungsgrundlage liefert Art. 114, der nachfolgend aufgeführt wird:

*«Art. 114 Arbeitslosenversicherung*

*1 Der Bund erlässt Vorschriften über die Arbeitslosenversicherung.*

*2 Er beachtet dabei folgende Grundsätze:*

- *a. Die Versicherung gewährt angemessenen Erwerbsersatz und unterstütz Massnahmen zur Verhütung und Bekämpfung der Arbeitslosigkeit.*
- *b. Der Beitritt ist für die Arbeitnehmerinnen und Arbeitnehmer obligatorisch; das Gesetz kann Ausnahmen vorsehen.*
- *c. Selbständigerwerbende können sich freiwillig versichern.*

*3 Die Versicherung wird durch die Beiträge der Versicherten finanziert, wobei die Arbeitgeberinnen und Arbeitgeber für ihre Arbeitnehmerinnen und Arbeitnehmer die Hälfte der Beiträge bezahlen.*

*4 Bund und Kantone erbringen bei ausserordentlichen Verhältnissen finanzielle Leistungen.*

*5 Der Bund kann Vorschriften über die Arbeitslosenfürsorge erlassen.»*

Dieser Artikel ist erst im Jahre 1976 in die Bundesverfassung aufgenommen worden. Die Erdölkrise zu Beginn der 70er Jahre des 20. Jahrhunderts führte nach dem Zweiten Weltkrieg erstmals zu einer starken Zunahme der Arbeitslosigkeit. Die Erkenntnis, dass unsere stark international verflochtene Wirtschaft durch nicht voraussehbare Ereignisse auch einmal einbrechen kann, führte zur Forderung nach einer obligatorischen Arbeitslosenversicherung für alle unselbständigen Erwerbstätigen. Im Jahre 1982 wurde das Ausführungsgesetz beschlossen, das sich in mehreren Revisionen zum heutigen Bundesgesetz über die obligatorische Arbeitslosenversicherung und die Insolvenzentschädigung (AVIG) entwickelte.

Die Arbeitslosenversicherung gibt den versicherten Personen einen angemessenen Erwerbsersatz bei Arbeitslosigkeit, Kurzarbeit, Arbeitsausfällen infolge schlechten Wetters und bei Zahlungsunfähigkeit der Arbeitgeber. Gleichzeitig wird die drohende Arbeitslosigkeit durch arbeitsmarktliche Massnahmen zugunsten der versicherten Personen verhütet oder bestehende Arbeitslosigkeit abgebaut. So wurden z.B. die regionalen Arbeitsvermittlungsstellen (RAV) geschaffen um arbeitslosen Personen gezielt Arbeit zu vermitteln, sei dies auf offenen Stellen in der Wirtschaft oder in zeitlich begrenzten Beschäftigungsprogrammen, die von privater Seite und der öffentlichen Hand lanciert oder unterstützt werden. Art. 114 der Bundesverfassung und das AVIG gehen über die Regelung der eigentlichen Arbeitslosenversicherung im engeren Sinn hinaus, indem die Verpflichtung besteht auch Massnahmen zur Verhütung und Bekämpfung der Arbeitslosigkeit zu finanzieren. Diese Bestimmung läuft parallel zum Konjunkturartikel der Bundesverfassung (Art. 100), der ebenfalls vorschreibt, dass der Bund Massnahmen zur Verhütung und Bekämpfung der Arbeitslosigkeit trifft. Diese doppelte Regelung in der Bundsverfassung zeigt, welch ausserordentlich hoher Stellenwert der Bekämpfung der Arbeitslosigkeit zukommt. Die wohl beste Arbeitslosenversicherung wäre die Vollbeschäftigung.

## 8.1 Die Leistungen

Die versicherte Person hat Anspruch auf Arbeitslosenentschädigung, wenn sie:

- ganz oder teilweise arbeitslos ist;
- einen anrechenbaren Arbeitsausfall erlitten hat, d.h., wenn ein Verdienstausfall vorliegt, der mindestens 2 volle Arbeitstage dauert;
- in der Schweiz wohnt, die obligatorische Schulzeit beendet hat und noch nicht im AHV- Rentenalter steht;
- die Beitragszeit erfüllt hat, d.h. innerhalb der letzten 2 Jahre vor der Erstanmeldung mindestens 12 Monate eine beitragspflichtige Beschäftigung ausgeübt hat;

- vermittlungsfähig ist, d.h. bereit, in der Lage und berechtigt ist, eine zumutbare Arbeit anzunehmen und an Eingliederungsmassnahmen teilzunehmen;
- die gesetzlichen Kontrollvorschriften erfüllt, insbesondere die Vornahme von Arbeitsbemühungen, die Annahme einer zumutbaren Arbeit und der Besuch von Umschulungs- und Weiterbildungskursen.

Ist die Anspruchsberechtigung gegeben, so hat die versicherte Person Anspruch auf eine Arbeitslosenentschädigung, die als Taggeld ausgerichtet wird. Für eine Woche werden 5 Taggelder ausgerichtet. Ein volles Taggeld beträgt 80% des versicherten Verdienstes. Dieser ist begrenzt auf den maximalen versicherten Verdienst nach der Unfallversicherungsgesetzgebung Die Versicherten erhalten zudem einen Zuschlag, der den auf den Tag umgerechneten gesetzlichen Kinder- und Ausbildungszulagen entspricht, auf die sie Anspruch hätten, wenn sie in einem Arbeitsverhältnis ständen. Dieser Zuschlag wird nur ausbezahlt, soweit die Kinderzulagen während der Arbeitslosigkeit nicht ausgerichtet werden.

Ein Taggeld von 70% des versicherten Verdienstes erhalten anspruchsberechtigte Versicherte, die

- keine Unterhaltspflichten gegenüber Kindern haben;
- ein volles Taggeld erreichen, das mehr als CHF 140 beträgt;
- nicht invalid sind.

Im Gegensatz zu andern Sozialversicherungen ist die Bezugsdauer in der Arbeitslosenversicherung beschränkt. Die Höchstzahl der Taggelder bestimmt sich nach dem Alter der Versicherten sowie nach der Beitragszeit. Der Versicherte hat Anspruch auf:

- höchstens 400 Taggelder, wenn er eine Beitragszeit von insgesamt 12 Monaten nachweisen kann;
- höchstens 520 Taggelder, wenn er das 55. Altersjahr zurückgelegt hat und eine Beitragszeit von mindestens 18 Monaten nachweisen kann;
- höchstens 520 Taggelder, wenn er eine Invalidenrente bezieht und eine Beitragszeit von mindestens 18 Monaten nachweisen kann.

Weiter kann der Bundesrat für Versicherte, die innerhalb der letzten 4 Jahre vor Erreichen des AHV-Rentenalters arbeitslos geworden sind und deren Vermittlung allgemein oder aus Gründen des Arbeitsmarktes unmöglich oder stark erschwert ist, den Anspruch um höchstens 120 Tage erhöhen. Im Weiteren leistet die Arbeitslosenversicherung Beiträge für Umschulungen, Weiterbildungen und an Eingliederungsmassnahmen.

## 8.2 Die Finanzierung

Beitragspflichtig für die Arbeitslosenversicherung sind alle in der Schweiz erwerbstätigen Arbeitnehmer sowie jene Personen, die für schweizerische Firmen im Ausland tätig sind und von der Schweiz aus entlöhnt werden. Die Beitragspflicht beginnt mit der Aufnahme der unselbständigen Erwerbstätigkeit, frühestens aber am 1. Januar nach Vollendung des 17. Altersjahres. Sie endet mit der Aufgabe der unselbständigen Erwerbstätigkeit, spätestens aber mit Erreichen des AHV-Rentenalters. Wer nach Erreichen des AHV-Rentenalters weiterarbeitet, ist nicht mehr beitragspflichtig, kann aber auch keine Leistungen der Arbeitslosenversicherung beziehen.

Für die Berechnung der Beiträge, die je hälftig von Arbeitgeberseite und von Arbeitnehmerseite zu bezahlen sind, wird auf das massgebende AHV-pflichtige Einkommen abgestellt. Im Gegensatz zur AHV gilt eine Einkommensobergrenze für die Beitragserhebung ( CHF 106'800, Stand 2006 ).

Der Finanzierungsbedarf ist sehr von der Wirtschaftslage abhängig. Deshalb hat der Bundesrat die Kompetenz zur Anpassung der Lohnprozente an den Finanzbedarf, der starken Schwankungen unterworfen sein kann.

In Abbildung 22 und 23 sind die Entwicklung der Arbeitslosenzahlen und der resultierende Finanzbedarf dargestellt.

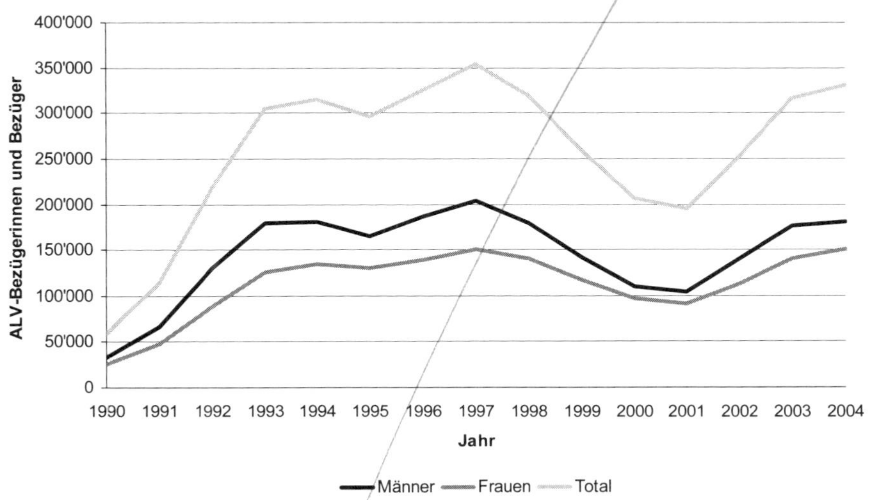


**Abbildung 22:** Entwicklung der Arbeitslosenzahlen
Quelle: Bundesamt für Sozialversicherung

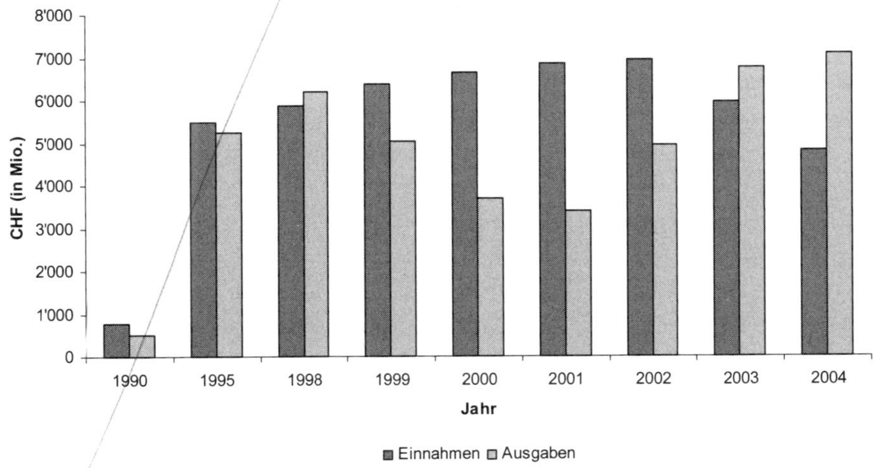


**Abbildung 23**: Finanzbedarf der Arbeitslosenversicherung
Quelle: Bundesamt für Sozialversicherung

Das beitragspflichtige Einkommen ist begrenzt auf den maximal versicherten Verdienst. Zu Beginn der obligatorischen Arbeitslosenversicherung genügten 0,4 Lohnprozente (Arbeitgeber 0,2%, Arbeitnehmer 0,2%). Auf den 1. Januar 1993 mussten sie von 0,4% auf 2% angehoben werden und zu Beginn des Jahres 1995 erfolgte eine weitere Erhöhung auf total 3%.

Mit Blick auf die massiv anwachsende Unterdeckung wurden ab dem 1. Januar 2000 auch Einkommen über dem versicherten Verdienst beitragspflichtig. Bis zum damaligen versicherten Verdienst von CHF 106’800 jährlich blieben die 3 Lohnprozente und für Einkommen zwischen CHF 106’800 und CHF 267’000 wurden 2 Lohnprozente gefordert. Auf den 1. Januar 2003 wurde diese Zusatzfinanzierung wider aufgehoben und der Beitragssatz auf 2,5 Lohnprozente abgesenkt.

## 8.3 Die Insolvenzentschädigung

Nebst dem Anspruch auf Arbeitslosenentschädigung gibt die Arbeitslosenversicherung der versicherten Person auch einen Anspruch auf Insolvenzentschädigung. Damit werden offene Lohnforderungen für die letzten 4 Monate des Arbeitsverhältnisses gedeckt, sofern gegen den Arbeitgebenden der Konkurs eröffnet oder das Pfändungsbegehren gestellt wird.

Keinen Anspruch auf Insolvenzentschädigung haben Personen, die in ihrer Eigenschaft als Gesellschafter, als finanziell Beteiligte oder als Mitglied eines obersten Führungsgremiums die Entscheidungen des Arbeitgebenden mitbestimmen, sowie die mitarbeitenden Ehegatten. Ist ein Betrieb eine juristische Person (AG oder GmbH), so steht demzufolge den mit der Führung beauftragten Personen kein Anspruch auf Insolvenzentschädigung zu, obwohl sie sozialversicherungsrechtlich alle Arbeitnehmende sind.

## 8.4 Durchführung und Aufsicht

Die Arbeitgeber liefern die Versicherungsbeiträge, die sie vom Lohn ihrer Arbeitnehmer abziehen, zusammen mit ihren eigenen Beiträgen und gleichzeitig mit den Beiträgen an die AHV, IV und EO an die Ausgleichskassen ab. Werden keine Beiträge abgezogen oder werden die abgezogenen Beiträge nicht an die Ausgleichskasse weitergeleitet, dann werden die Beiträge im Nachhinein eingefordert und dem Arbeitgebenden droht gegebenenfalls ein Strafverfahren. Für den Arbeitnehmer besteht trotzdem ein Anspruch auf Arbeitslosenentschädigung. Voraussetzung ist nämlich, dass die versicherte Person in einem versicherungspflichtigen Arbeitsverhältnis gestanden hat, und nicht, dass die entsprechenden Beiträge auch einbezahlt wurden. Während die Ausgleichskassen für das Inkasso der Versicherungsbeiträge zuständig sind, sind die Arbeitslosenkassen und die kantonalen Arbeitsämter für den Vollzug der Arbeitslosenversicherung verantwortlich. Sie geben auch verschiedene Merkblätter heraus, in denen ausführlich über Rechte und Pflichten der versicherten Personen und der Arbeitgebenden eingegangen wird. Die Arbeitslosenversicherung beruht auf einer Vielzahl von Detailregelungen, denken wir nur an die Kurzarbeitsregelung, an die Schlechtwetterentschädigung, an die unterschiedlichen Bezugsdauern usw. Die Merkblätter helfen da weiter. Die Kantonalen Arbeitsämter sind auch verantwortlich für den Aufbau und den Betrieb der regionalen Arbeitsvermittlungszentren (RAV). Die Oberaufsicht hat im Auftrage des Bundesrates das Staatssekretariat für Wirtschaft (SECO) in Bern.

## 8.5 Ausblick

Nach dem Zweiten Weltkrieg begann in der Schweiz eine Periode von grossem wirtschaftlichem Wachstum. Arbeitslosigkeit war kaum vorhanden und eine grosse Zahl von Gastarbeitern mussten geholt werden, um die Nachfrage nach Produkten und Dienstleistungen zu befriedigen. Die obligatorische Arbeitslosenversicherung wurde nötig, nachdem einerseits das Wirtschaftswachstum stark abflachte und andrerseits immer mehr Arbeitsplätze durch Roboter und Automaten ersetzt wurden.

Eine der zentralen Aufgaben der politischen Entscheidungsträger ist es dafür zu sorgen, dass möglichst alle Menschen Arbeit haben. Diese Aufgabe ist in der Verfassung ausdrücklich festgehalten. Natürlich kann dieses Sozialziel nicht immer erreicht werden. Allerdings gilt es insbesondere dem Bildungsbereich höchste Priorität einzuräumen. Ein hoher Bildungsstand der Bevölkerung ist zumindest eine der wichtigsten Grundvoraussetzungen um im internationalen Wettbewerb bestehen zu können. Weiter gilt es über entsprechende Rahmenbedingungen die Gründung und Ansiedlung von Unternehmen zu begünstigen.

So können wir hoffen wieder zu einem stärkeren Wirtschaftswachstum zu kommen. Die wirtschaftlichen Veränderungen (siehe Kapitel 1) führten allerdings dazu, dass wir auch künftig mit einer Sockelarbeitslosigkeit rechnen müssen. Es werden Menschen arbeitslos werden oder bleiben, die über tiefe Bildungsfähigkeiten und Bildungschancen verfügen.

Für diese braucht es auch innerhalb der bestehenden Arbeitslosenversicherung verbesserte Bedingungen. So müssten entsprechend den Fähigkeiten der Betroffenen vermehrt auch über die Arbeitslosenversicherung Arbeitsplätze mitfinanziert werden. Arbeitsplätze, die aus rein wirtschaftlichen Gründen beispielsweise wegrationalisiert wurden und werden oder gar nicht erst ins Auge gefasst werden, die aber gesellschaftspolitisch längerfristig wertvoll sein können.

# 9. Die Ergänzungsleistungen

Die Ergänzungsleistungen (EL) zur AHV und IV werden als Bedarfsleistungen ausgerichtet, wenn die Renten und das übrige Einkommen nicht ausreichen um die minimalen Lebenskosten zu decken.

Als die Ergänzungsleistungen im Jahre 1966 eingeführt wurden, waren sie nur als Übergangslösung gedacht, bis die Renten der AHV und der IV eine existenzsichernde Höhe erreichen. Aus diesem Grunde wurde die Verfassungsgrundlage in die Übergangsbestimmungen aufgenommen. Mit dem neuen Finanzausgleich, dem das Schweizer Volk im Jahre 2004 zugestimmt hat, soll diese Verfassungsbestimmung allerdings von den Übergangsbestimmungen ins definitive Recht transferiert werden. Dies, weil mittlerweile die Gewissheit besteht, dass auf die Ergänzungsleistungen wohl noch lange nicht verzichtet werden kann.

Die Verfassungsgrundlage lautet:

*«Art. 196, Ziffer 10 der Bundesverfassung*

*Übergangsbestimmung zu Art. 112*
*(Alters-, Hinterlassenen- und Invalidenversicherung)*

*Solange die eidgenössische Alters-, Hinterlassenen- und Invalidenversicherung den Existenzbedarf nicht deckt, richtet der Bund den Kantonen Beiträge an die Finanzierung von Ergänzungsleistungen aus.»*

Wird also der Existenzbedarf durch die 1. Säule nicht gedeckt, können die Kantone durch die Ausrichtung von Ergänzungsleistungen zur Erfüllung des Verfassungsauftrages beitragen. Die Kantone sind nicht grundsätzlich verpflichtet Ergänzungsleistungen auszurichten. Entscheiden sie sich aber dazu, finanziert der Bund einen Teil der gewährten Leistungen durch Subventionen. Für die Höhe der Bundesbeiträge an die Kantone ist die Finanzkraft jedes einzelnen Kantons massgebend. Finanzstarke Kantone erhalten 10 Prozent, mittelstarke Kantone zwischen 11 und 34 Prozent und finanzschwache Kantone 35 Prozent ihrer Aufwendungen zurückerstattet. Alle 26 Kantone gewähren heute Ergänzungsleistungen und haben dazu entsprechende Gesetze erlassen. Aufgrund des Bundesgesetzes über die Ergänzungsleistungen (ELG), das in erster Linie ein Subventionsgesetz ist, ist die materielle Regelung weitgehend durch den Bund festgelegt.

Die Ergänzungsleistungen gehören heute zum sozialen Fundament unseres Staates. Es besteht ein rechtlicher Anspruch und sie sind nicht Bestandteil der Sozialhilfe oder der Fürsorge. Sie werden vollumfänglich durch die öffentliche Hand finanziert. Lohnbeiträge dürfen keine erhoben werden.

## 9.1 Die Bezugsberechtigung

Ergänzungsleistungen können Personen erhalten, die einen Anspruch auf eine Rente der AHV (auch bei Rentenvorbezug), eine Rente der IV (unabhängig vom Invaliditätsgrad) oder nach Vollendung des 18. Altersjahres eine Hilflosenentschädigung der IV haben oder während mindestens 6 Monaten ein Taggeld der IV beziehen. Sie müssen in der Schweiz Wohnsitz und den tatsächlichen Aufenthalt haben und Bürgerinnen und Bürger der Schweiz sein.

Ergänzungsleistungen können auch Ausländerinnen und Ausländer erhalten, wenn sie mindestens 10 Jahre ununterbrochen in der Schweiz leben. Für Flüchtlinge und Staatenlose beträgt diese Frist 5 Jahre. Für Bürgerinnen und Bürger der EU und der EFTA wurde diese Karenzzeit mit dem Inkrafttreten der bilateralen Verträge aufgehoben.

Ergänzungsleistungen werden aber grundsätzlich nur ausbezahlt, wenn die anerkannten Ausgaben die Einnahmen übersteigen.

## 9.2 Die Leistungen

Die Ergänzungsleistungen werden durch die Kantone ausgerichtet. Sie bestehen aus den jährlichen Leistungen, die monatlich mit den Renten der 1. Säule ausbezahlt werden und Vergütungen von Krankheits- und Behinderungskosten. Bei der Bestimmung der anrechenbaren Ausgaben wird unterschieden, ob eine Person zu Hause oder in einem Heim lebt.

Folgende Ausgaben werden für Personen anerkannt, die zu Hause leben (Stand 2005):

- für den allgemeinen Lebensbedarf pro Jahr:

| | | |
|---|---|---|
| für Alleinstehende | CHF | 17'640 |
| für Ehepaare | CHF | 26'460 |
| für die ersten 2 Kinder je | CHF | 9'225 |
| für zwei weitere Kinder je | CHF | 6'150 |
| für jedes weitere Kind | CHF | 3'075 |

- der jährliche Mietzins und die damit zusammenhängenden Nebenkosten einer Wohnung. Bei Personen, die in einer Liegenschaft wohnen, die ihnen gehört, wird als Mietzins der Eigenmietwert angerechnet. Für Alleinstehende werden höchstens CHF 13'200 und für Ehepaare und Personen mit Kindern höchstens CHF 15'000 anerkannt.

- Wenn die Personen in einer Liegenschaft wohnen, die ihnen gehört, können Nebenkosten in der Höhe von CHF 1680 angerechnet werden. Falls eine rollstuhlgängige Wohnung notwendig wird, erhöhen sich die abzugsberechtigten jährlichen Mietzinsausgaben um CHF 3600.

Bei Personen, die in einem Heim oder in einem Spital leben, werden folgende Ausgaben anerkannt:

- die Tagestaxe, deren Höchstbetrag durch die Kantone festgelegt wird;
- der Betrag für persönliche Auslagen wie Kauf von Kleidern, Produkte für die Körperhygiene, Zeitungen usw. Dieser Betrag wird ebenfalls durch die Kantone festgelegt.

Voll als Einkommen angerechnet werden:

- Renten der AHV und IV, der Pensionskasse, der Militär- und Unfallversicherung und von ausländischen Sozialversicherungen;
- Einkünfte aus Vermögen wie Zinsen, Miete, Untermiete, Pacht oder Nutzniessung;
- der Eigenmietwert der Wohnung;

- familienrechtliche Unterhaltsbeiträge wie Alimente;
- Ersatzeinkünfte wie Taggelder der Krankenkasse, der Invalidenversicherung, der Arbeitslosenversicherung oder der Unfallversicherung;
- wiederkehrende Leistungen von Arbeitgebern;
- Einkünfte und Vermögenswerte, auf die verzichtet worden ist;
- ein Teil des Vermögens (Verzehr), das bei Alleinstehenden CHF 25'000 und bei Ehepaaren CHF 40'000 übersteigt.

Da das Bundesgesetz zu den Ergänzungsleistungen ein Rahmengesetz ist und die Kantone eigene Gesetze schufen, bestehen z. T. weiter gehende kantonale Regelungen.

Übersteigen die anrechenbaren Ausgaben die Einnahmen, wird die Differenz als Ergänzungsleistung ausbezahlt. Allerdings wird dabei ein Maximum festgelegt. Dieses beträgt:

- für eine Person, die zu Hause lebt, das Vierfache der minimalen AHV-Rente (Stand 2005 CHF 51'600) Dieser Betrag kann um den Betrag für die Prämien der obligatorischen Krankenversicherung angehoben werden.
- für Personen in einem Heim oder Spital 175 Prozent des Maximalbetrages der allgemeinen anrechenbaren Lebenskosten (errechnet beim Wohnen zu Hause). Hier können ebenfalls die Prämien für die obligatorische Krankenversicherung dazugerechnet werden.

Bei Ehepaaren, von denen zumindest der eine Ehegatte im Heim resp. im Spital lebt, werden die Ergänzungsleistungen für jeden Ehegatten einzeln berechnet. Dabei werden die anrechenbaren Einnahmen und das Vermögen des Ehepaares zu gleichen Teilen den Ehegatten zugerechnet (Splitting).

Zusätzlich zu den jährlichen Ergänzungsleistungen können Krankheits- und Behinderungskosten vergütet werden, wenn sie nicht durch Versicherungen gedeckt sind. Folgende Kosten können rückerstattet werden:

- Zahnbehandlungen;
- Hilfe, Pflege und Betreuung zu Hause oder in Tagesstätten;
- Mehrkosten für lebensnotwendige Diät;
- Transport zum nächstgelegenen medizinischen Behandlungsort;

- Kosten für Pflegemittel, wie z.B. die Miete eines Elektrobettes;
- Beteiligung an den Kosten der Krankenkasse (Selbstbehalt und Franchise) bis zum Betrag von jährlich CHF 1000;
- ärztlich verordnete Badekuren und Aufenthalte zur Genesung und Erholung.

Für die Krankheits- und Behinderungskosten können pro Jahr zusätzlich zu den Ergänzungsleistungen höchstens folgende Beträge vergütet werden:

| | | |
|---|---|---|
| für Alleinstehende | CHF | 25'000 |
| für Ehepaare | CHF | 50'000 |
| für Heimbewohner | CHF | 6'000 |

Für zu Hause wohnende Personen mit einem Anspruch auf eine Hilflosenentschädigung der IV oder der Unfallversicherung erhöht sich der Betrag auf CHF 90'000 bei schwerer resp. CHF 60'000 bei mittelschwerer Hilflosigkeit, soweit die Kosten für Pflege und Betreuung durch die Hilflosenentschädigung nicht gedeckt sind.

Zu erwähnen ist noch, dass Bezügerinnen und Bezüger von Ergänzungsleistungen keine Gebühren für Radio und Fernsehen bezahlen müssen. Abbildung 24 und Abbildung 25 zeigen die Entwicklungen der Anzahl Bezügerinnen und Bezüger der EL und des entsprechenden Finanzbedarfs.

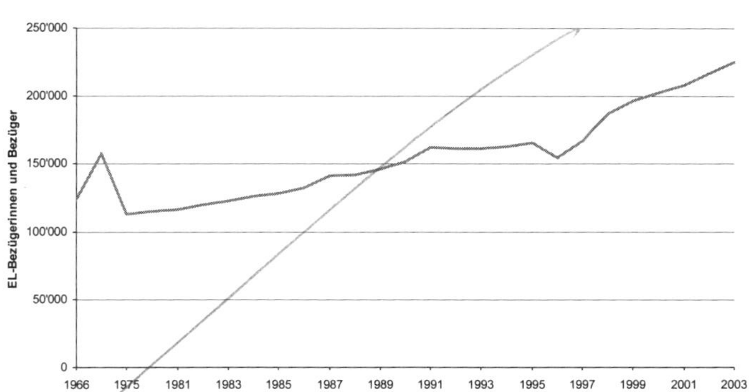


**Abbildung 24:** Entwicklungen der Anzahl Bezügerinnen und Bezüger der EL
Quelle: Bundesamt für Sozialversicherung

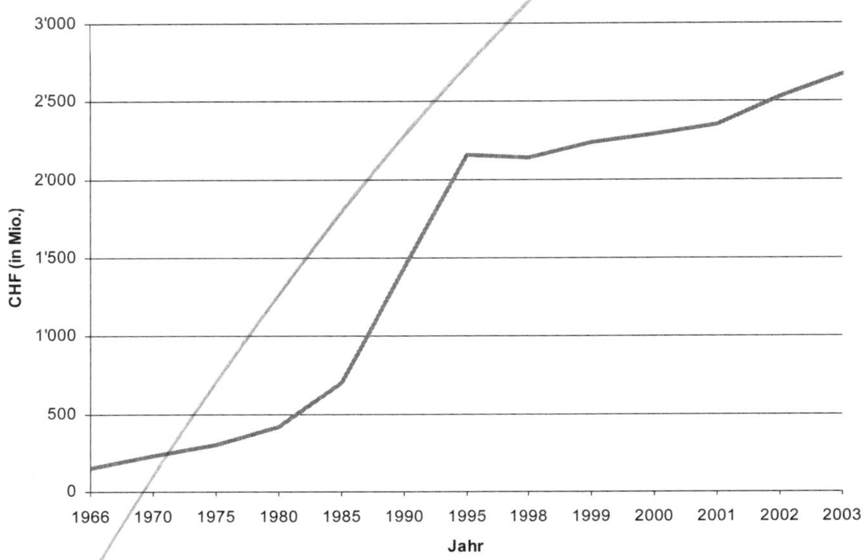


**Abbildung 25:** Finanzbedarf der EL
Quelle: Bundesamt für Sozialversicherung

## 9.3 Durchführung und Aufsicht

Es ist Sache der Kantone, die Organe für die Festsetzung und Ausrichtung der Ergänzungsleistungen zu bestimmen. In der Regel haben die Kantone ihre Ausgleichskassen mit dieser Aufgabe betraut. Fürsorgebehörden dürfen diese Aufgaben nicht übernehmen. Der Gesetzgeber hat dies ausdrücklich untersagt. Damit legte er klar fest, dass die Ergänzungsleistungen keine Fürsorgeleistungen sind.

Das Bundesamt für Sozialversicherung hat die Oberaufsicht über den Vollzug und sorgt dafür, dass die Subventionsmittel des Bundes richtig eingesetzt werden.

## 9.4 Ausblick

Bei der Einführung der Ergänzungsleistungen ging man davon aus, dass bei der vollen Realisierung des Dreisäulenkonzeptes diese Bedarfsleistungen wieder aufgehoben werden könnten. Heute wissen wir, dass dies nicht der Fall ist. Insbesondere die Personen, die auch künftig nur mit der AHV oder der IV aus der ersten Säule leben müssen, werden weiterhin auf Ergänzungsleistungen angewiesen sein, weil eine starke Rentenerhöhung in dieser Säule in absehbarer Zeit politisch kaum in Sicht ist. Allerdings gilt es dafür zu sorgen, dass die Höhe der Bedarfsleistungen nicht immer stärker auf Kosten der Versicherungsleistungen ausgebaut werden. Dies würde zum schleichenden Abbau unseres Sozialstaates basierend auf den Sozialversicherungen führen und unserer Bundesverfassung widersprechen.

Die Frage stellt sich hier auch, ob der Bezügerkreis für Ergänzungsleistungen nicht ausgeweitet werden müsste auf Personen, die der heutigen «neuen Armut» zugerechnet werden. Im Gegensatz zu den einkommensschwachen AHV- und IV- Rentnerinnen und -Rentnern, müssen diese Personen in der Regel Sozialhilfe beziehen. Auch sie sollten einen Rechtsanspruch auf Bedarfsleistungen haben.

# 10. Familienleistungen

Die schweizerische Familienpolitik ist ausgeprägt föderalistisch und subsidiär strukturiert. Die Aufgabenverteilung zwischen Bund, Kantonen, Gemeinden und privaten Organisationen führt zu einer starken Zersplitterung der einzelnen Massnahmen. Eine eigentliche und wirksame Familienpolitik des Bundes gibt es nicht. Die wenigen familienpolitischen Kompetenzen des Bundes sind in Art. 116 der Verfassung festgelegt (siehe Kapitel 7). Danach hat der Bund bei der Ausübung seiner Befugnisse die Bedürfnisse der Familie zu berücksichtigen und er kann Massnahmen zum Schutze der Familie unterstützen. Neben dieser allgemein gehaltenen und kaum verbindlichen Formulierung enthält der Verfassungsartikel auch die Gesetzgebungskompetenz des Bundes auf dem Gebiet der Familienzulagen, der Familienausgleichskassen und der Mutterschaftsversicherung.

Die Familienzulagen hat der Bund bisher nur für die Landwirtschaft und für sein eigenes Personal geregelt. Der Verfassungsauftrag zur Errichtung einer Mutterschaftsversicherung wurde erst auf den 1. Juli 2005 mit einer Minimallösung umgesetzt.

Im Jahre 2004 veröffentlichte das Eidg. Departement des Innern den Familienbericht 2004. Daraus ist ersichtlich, dass sich die Haushaltsstrukturen und Familienformen in den letzten Jahren stark gewandelt haben. Im Jahre 2000 gab es ein Drittel mehr Haushalte als 1970. Diese Zunahme ist auf die kinderlosen Haushalte zurückzuführen, die sich fast verdoppelt haben. Die Anzahl der Haushalte mit Kindern ist dagegen praktisch konstant geblieben. Die finanzielle Situation der Familien hat sich während dieses Zeitraumes stetig verschlechtert. Die Familien haben vergleichsweise weniger Einkommen zur Verfügung und geben einen grösseren Teil ihres Einkommens wieder aus für lebensnotwendige Bedürfnisse als die Haushalte ohne Kinder. Zentrale Ausgabenposten sind dabei die Wohnungskosten und die Kinderkosten.

Für das Wohnen wenden Familien einen höheren Anteil des Haushaltseinkommens auf als die übrigen Haushalte und trotzdem verfügen Familien weit häufiger als die übrigen Hauhalte über weniger als ein Zimmer pro Person, was einer prekären Wohnsituation gleichkommt. Davon betroffen sind in der Schweiz 20% der Paarhaushalte mit Kindern oder rund 5% aller Haushalte.

Die Kinderkosten sind schwierig zu berechnen, da diese stark beeinflusst werden von der Grösse des Haushalts, der Anzahl Kinder, dem Alter der Kinder und dem verfügbaren Einkommen. Wer über mehr Geld verfügt, gibt auch mehr für die Kinder aus, was natürlich auch bedeutet, dass Familien mit wenig Einkommen in prekären Verhältnissen leben müssen.

Folgende Kinderkosten pro Monat werden heute als realistisch angenommen:

| | | |
|---|---|---|
| Einelternfamilie | CHF | 1'800 pro Kind |
| Paarhaushalt | CHF | 1'000 pro Kind |

Familien sind deshalb einem überdurchschnittlichen Armutsrisiko ausgesetzt. Dies gilt insbesondere für Alleinerziehende und für Paare mit zwei und mehr Kindern. Alleinerziehende leben fast zu einem Viertel unter der Armutsgrenze und beziehen überdurchschnittlich häufig Sozialhilfe.

Trotz dieser Situation, die insbesondere einen bedeutenden Teil unserer Kinder in ein Leben in Armut drängt und auch in ihrem Umfeld ausgrenzt, haben die Bundesbehörden bis heute wenig an familienpolitischen Massnahmen ergriffen.

Als wichtigste finanzielle Massnahmen gelten heute die Familienzulagen und die Steuerabzüge, wobei Letztere bei Familien mit ohnehin zu tiefem Einkommen kaum signifikante Verbesserungen bringen. Die Familiezulagen sind ausser in der Landwirtschaft und bei den Bundesbediensteten kantonal geregelt. Fast die Hälfte der Kantone kennen heute erfreulicherweise Bedarfsleistungen für Familien mit Kleinkindern und tiefem Einkommen, dies zusätzlich zu den Familienzulagen.

Allgemein muss festgehalten werden: Die Schweiz hat keine eigentliche Familienpolitik und die Förderung der Familie ist äusserst mangelhaft. Die 26 Kantone haben je ihre eigene Politik mit entsprechend grossen Unterschieden hinsichtlich Leistungen und Bezugsberechtigung.

## 10.1 Die Familienzulagen

Familienzulagen gelten als Zweig der Sozialversicherungen. Sie haben jedoch eine andere Funktion als die Leistungen der übrigen Sozialversicherungszweige.

Sie sind nicht Einkommensersatz, sondern eine Einkommensergänzung. Wird die Erwerbstätigkeit aufgegeben, so entfallen deshalb oftmals auch die Familienzulagen.

In Tabelle 19 wird aufgezeigt, wo der Bund und wo die Kantone zuständig sind. Daraus ist ersichtlich, dass die Hauptaktivität bei den Kantonen liegt, und da es kein Rahmengesetz des Bundes gibt, anders als bei den Ergänzungsleistungen, existieren eine Vielzahl von Ordnungen mit je andern Zulagenarten, Zulagenhöhen und Anspruchsvoraussetzungen.

| **Vom Bund geregelt** | **Von den Kantonen geregelt** |
|---|---|
| Familienzulagen an | Familienzulagen an |
| Kleinbauern<br>landwirtschaftliche Arbeitnehmende<br>Bundespersonal | Arbeitnehmende<br>Personal von Kantonen und Gemeinden<br>Selbstständige ausserhalb der Landwirtschaft (Gewerbetreibende und Freiberufliche)<br>Nichterwerbstätige |

**Tabelle 19:** Zuständigkeit des Bundes und der Kantone
Quelle: Bundesamt für Sozialversicherung

Nicht für alle Kinder werden Familiezulagen ausgerichtet. In der Regel ist der Zulagenanspruch an die berufliche Stellung der Eltern gebunden. Arbeitnehmende haben in allen Kantonen Anspruch auf Familienzulagen. In 10 Kantonen (Luzern, Uri, Schwyz, Zug, Schaffhausen, den beiden Appenzell, St.Gallen, Graubünden und Genf) haben Selbständigerwerbende und in 5 Kantonen (Wallis, Freiburg, Genf, Jura und Schaffhausen) haben Nichterwerbstätige unter bestimmten Voraussetzungen Anspruch auf Familienzulagen.

| Gültig ab | Kinderzulagen je Monat [1] | | Haushaltszulagen | Einkommensgrenzen pro Jahr | |
|---|---|---|---|---|---|
| | Im Talgebiet | Im Berggebiet | Je Monat | Grundbetrag | Erhöhung pro Kind |
| 1. 1. 1953 | - | 9 | 30 | 3'500 | 350 |
| 1. 1. 1958 | - | 15 | 40 | 4'500 | 500 |
| 1. 7. 1962 | 15 | 20 | 60 | 5'500 | 700 |
| 1. 7. 1966 | 25 | 30 | 60 | 8'000 | 700 |
| 1. 1. 1970 | 30 | 35 | 60 | 12'000 | 1'000 |
| 1. 4. 1974 | 50 | 60 | 100 | 16'000 | 1'500 |
| 1. 4. 1980 | 60/70 | 70/80 | 100 | 22'000 | 3'000 |
| 1. 4. 1984 | 80/90 | 100/110 | 100 | 23'500 | 3'000 |
| 1. 4. 1986 | 85/95 | 105/115 | 100 | 25'000 | 3'500 |
| 1. 4. 1988 | 95/105 | 115/125 | 100 | 26'000 | 3'600 |
| 1. 4. 1990 | 115/120 | 135/140 | 100 | 27'500 | 4'000 |
| 1. 4. 1992 | 135/140 | 155/160 | 100 | 30'000 | 5'000 |
| 1. 4. 1994 | 145/150 | 165/170 | 100 | 30'000 | 5'000 |
| 1. 4. 1996 | 155/160 | 175/180 | 100 | 30'000 | 5'000 |
| 1. 4. 1998 | 160/165 | 180/185 | 100 | 30'000 | 5'000 |
| 1. 1. 2002 | 165/170 | 185/190 | 100 | 30'000 | 5'000 |
| 1. 1. 2004 | 170/175 | 190/195 | 100 | 30'000 | 5'000 |

**Tabelle 20:** Familienzulagen des Bundes in der Landwirtschaft (Stand 2006)
Quelle: Bundesamt für Sozialversicherung

[1] Der zweite Ansatz gilt ab dem 3. Kind.

In den meisten Kantonen werden die Kinderzulagen in der Regel bis zum 16. Altersjahr des Kindes ausbezahlt. Schliesst sich eine Ausbildung an, so werden die Kinderzulagen normalerweise weiter ausgerichtet, längstens jedoch bis zum 25. Altersjahr (Tessin bis zum 20.). In einigen Kantonen werden für die in Ausbildung stehenden Kinder an Stelle der Kinderzulagen erhöhte Ausbildungszulagen ausgerichtet und verschiedene Kantone zahlen pro Kind eine Geburtszulage. In

Tabelle 20 sind die Familienzulagen des Bundes in der Landwirtschaft dargestellt und Tabelle 21 zeigt eine Übersicht über die kantonalen Regelungen.

| **Kanton** | **Kantonalrechtliche Familienzulagen für Arbeitnehmende mit Kindern in der Schweiz** (Monatsansätze in CHF) | | | | | | | | **Finanzierung** (Monatsansätze in CHF) |
|---|---|---|---|---|---|---|---|---|---|
| | Kinderzulage | | | | Ausbildungszulage | Altersgrenze | | Geburtszulage | Arbeitgeberbeiträge an die kant. FAK in % der AHV – Lohnsumme |
| | 1. Kind | 2. Kind | 3. Kind | 4. Kind | | allgemeine | besondere | | |
| ZH | 170/195 | 170/195 | 170/195 | 170/195 | - | 16 | 20/25 | - | 1,30% |
| BE | 160/190 | 160/190 | 160/190 | 160/190 | - | 16 | 20/25 | - | 1,70% |
| LU | 180/200 | 180/200 | 180/200 | 180/200 | 230 | 16 | 18/25 | 800 | 2,00% |
| UR | 190 | 190 | 190 | 190 | - | 16 | 18/25 | 1'000 | 2,00% |
| SZ | 200 | 200 | 200 | 200 | - | 16 | 18/25 | 800 | 1,70% |
| OW | 170 | 170 | 170 | 170 | - | 16 | 25/25 | - | 1,80% |
| NW | 175 | 175 | 175 | 175 | 200 | 16 | 18/25 | - | 1,85% |
| GL | 170 | 170 | 170 | 170 | - | 16 | 18/25 | - | 1,90% |
| ZG | 250 | 250 | 300 | 300 | - | 16 | 20/25 | - | 1,60% |
| FR | 210 | 210 | 230 | 230 | 270/290 | 15 | 20/25 | 1'500 | 2,45% |
| SO | 175 | 175 | 175 | 175 | - | 18 | 18/25 | 600 | 1,90% |
| BS | 170 | 170 | 170 | 170 | 190 | 16 | 25/25 | - | 1,50% |
| BL | 170 | 170 | 170 | 170 | 190 | 16 | 25/25 | - | 1,50% |
| SH | 180 | 180 | 180 | 180 | 210 | 16 | 18/25 | - | 1,40% |
| AR | 190 | 190 | 190 | 190 | - | 16 | 18/25 | - | 1,90% |

| | | | | | | | | | |
|---|---|---|---|---|---|---|---|---|---|
| AI | 180 | 180 | 185 | 185 | - | 16 | 18/25 | - | 1,70% |
| SG | 170 | 170 | 190 | 190 | 190 | 16 | 18/25 | - | 1,80% |
| GR | 175 | 175 | 175 | 175 | 200 | 16 | 20/25 | - | 1,80% |
| AG | 150 | 150 | 150 | 150 | - | 16 | 20/25 | - | 1,50% |
| TG | 190 | 190 | 190 | 190 | - | 16 | 18/25 | - | 1,60% |
| TI | 183 | 183 | 183 | 183 | - | 15 | 20/20 | - | 1,50% |
| VD | 150 | 150 | 320 | 320 | 195/365 | 16 | 20/25 | 1'500 | 1,85% |
| VS | 260 | 260 | 344 | 344 | 360/444 | 16 | 20/25 | 1'500 | - |
| NE | 160 | 180 | 200 | 250 | 240/260<br>280/330 | 16 | 20/25 | 1'000 | 2,00% |
| GE | 200/220 | 200/220 | 200/220 | 200/220 | - | 18 | 18/18 | 1'000 | 1,70% |
| JU | 154/178<br>/132 | 154/178<br>/132 | 178<br>132 | 178<br>132 | 206<br>132 | 16 | 25/25 | 782 | 3,00% |

**Tabelle 21:** Familienzulagen in den Kantonen und Finanzierung (Stand 2006)
Quelle: Bundesamt für Sozialversicherung

## 10.2 Bedarfsleistungen an Familien

Immer mehr Kantone zahlen analog zu den Ergänzungsleistungen Bedarfsleistungen an arme Familien aus. Im Jahre 2004 kannten bereits 12 Kantone (Aargau, Freiburg, Glarus, Graubünden, Luzern, Neuenburg, St.Gallen, Schaffhausen, Tessin, Waadt, Zug und Zürich) spezielle Leistungen für Familien mit Kleinkindern und tiefem Einkommen. Es handelt sich um Geldleistungen, die im Bedarfsfalle nach der Geburt eines Kindes je nach Kanton für 6 Monate bis zu 3 Jahren bezahlt werden. Die Maximalbeträge, die in einigen Kantonen festgelegt wurden, sind allerdings so tief, dass sie nicht einmal den Mindestbedarf des Kindes decken und die Familien somit nicht gegen die drohende Armut absichern. Die grosszügigste Regelung kennt der Kanton Tessin. Er bezahlt bis zu CHF 4000 monatlich an Haushalte mit Kindern unter 3 Jahren. Tabelle 22 gibt eine Übersicht über die geltenden Ansätze in den Kantonen, die diese Bedarfsleistungen eingeführt haben. In Kantonen, die keine solche Regelung kennen, sind arme Familien vollständig auf die Sozialhilfe angewiesen.

| | | | Bedarfsgrenzen (in CHF pro Monat) | | | |
|---|---|---|---|---|---|---|
| Kanton | Anspruchsdauer nach der Geburt (Monate) | Maximale Auszahlung (in CHF pro Monat) | Einelternfamilie | Paar | 1. und 2. Kind | 3. und 4. Kind |
| ZH | 24 | 2'000 | 1'225 | 1'808 | 325 | 325 |
| LU | 12 | - | 1'030 | 1'576 | 546/340 | 289 |
| GL | 12 | - | 2'163 | 3'244 | 0/270 | 270 |
| ZG | 12 | - | 1'442 | 2'163 | 307 | 307 |
| FR | 12 | 2'000 | 2'250 | 3'000 | 300 | 300 |
| SH | 24 | 2'000 | 1'442 | 2'163 | 755 | 503 |
| SG | 6 | - | 1'442 | 2'163 | 378/303 | 252 |
| GR | 10 | - | 1'399 | 2'098 | 280 | 280 |
| AG | 6 | - | 1'442 | 2'163 | 755 | 503 |
| TI | 36 | 4'220 | 1'308 | 1'963 | 671 | 447 |
| VD | 6 | - | 1'442 | 2'163 | 755 | 503 |
| NE | 12 | 2'500 | 2'500 | 3'500 | 670 | 670 |

**Tabelle 22:** Bedarfsleistungen an Familien mit kleinen Kindern (Stand 2006)
Quelle: Bundesamt für Sozialversicherung

## 10.3 Durchführung und Aufsicht

In jedem Kanton wird eine Familienausgleichskasse geführt. Diese sind in der Regel Bestandteil der kant. AHV/IV-Ausgleichskassen. Insbesondere die Familienzulagen in der Landwirtschaft, sowie die Familienzulagen für Selbständigerwerbende und Nichterwerbstätige sowie die Bedarfsleistungen für arme Familien werden von ihnen abgewickelt. Daneben führen die Verbandsausgleichskassen der AHV und IV auch die Familienausgleichskassen für ihre angeschlossenen Arbeitgebenden. Für den Zuständigkeitsbereich des Bundes übt das Bundesamt für Sozialversicherung die Aufsicht über den Gesetzesvollzug aus. Die Kantonalen Aufsichtsbehörden sind für den kantonalen Bereich zuständig.

## 10.4 Die Finanzierung

Der Bund finanziert seine Familienzulagen über die öffentliche Hand. In den Kantonen zahlen die angeschlossenen Arbeitgeber Beiträge an die Familienausgleichskassen. Diese bewegen sich je nach Kasse und Kanton zwischen 0,1 und bis gegen 5,5% der Lohnsumme. Bei den Arbeitnehmern werden keine Beiträge erhoben. In Kantonen mit erweitertem Bezügerkreis leistet oftmals auch die öffentliche Hand Beiträge. Die in der Regel mit dem Lohn ausbezahlten Familienzulagen werden durch die Familienausgleichskasse rückvergütet.

## 10.5 Ausblick

In der Bundesverfassung Art. 41 steht, dass jede Person gegen die wirtschaftlichen Folgen der Mutterschaft gesichert sein soll. Dies beinhaltet, dass Kinderhaben nicht zu einem Armutsrisiko werden darf. Dieser Verfassungsauftrag wurde bis heute nur sehr mangelhaft wahrgenommen, was auch entsprechend negative Auswirkungen zur Folge hatte. So sank die Geburtenrate stetig auf ein sehr tiefes Niveau ab und unter den Menschen, die an und unter der Armutsgrenze leben müssen, finden sich auffallend viele Familien und insbesondere Alleinerziehende. Die Schweiz braucht dringend eine griffige Familienpolitik auf Bundesebene. Vonnöten ist eine einheitliche Familienzulagenregelung, die für jedes Kind eine Kinderzulage beinhaltet, und dies auf einem Niveau, das den Kinderkosten auch Rechnung trägt. Es ist doch grotesk, dass auf einem so wichtigen Gebiet immer noch 26 kantonale Regelungen existieren. So ist es nicht verwunderlich, dass eine Familie, deren Haupteinkommen über den Verdienst des Vaters im Nachbarkanton erarbeitet wird, andere Familienzulagen erhält als die Nachbarsfamilie, deren Einkommen im Wohnkanton generiert wird. In Tabelle 22 ist ersichtlich, dass diese Unterschiede sehr wohl hoch sein können.

In der Frühjahrssession 2006 verabschiedeten die Eidg. Räte ein Gesetz, das künftig für jedes Kind eine Familienzulage von mindestens CHF 200 vorsieht. Gegen das Gesetz wurde allerdings das Referendum ergriffen und das Schweizer Volk wird abschliessend darüber zu entscheiden haben.

# 11. Die Sozialhilfe

Die Sozialhilfe gilt als das letzte Auffangnetz der sozialen Sicherung. Laut Bundesverfassung Art. 115 sind die Kantone zuständig.

*«Art. 115 Unterstützung Bedürftiger*

*Bedürftige werden von ihren Wohnkantonen unterstützt. Der Bund regelt die Ausnahmen und Zuständigkeiten.»*

Die Sozialhilfe kommt zum Zuge, wenn weder das Erwerbseinkommen noch das Vermögen, noch Sozialversicherungsleistungen in genügender Höhe vorhanden sind, um die Existenz zu sichern. Wer die Bedürftigkeit geltend macht und Leistungen der Sozialhilfe beantragt, muss nachweisen, dass er über keine oder mangelnde Einkünfte verfügt, um selber für seinen Lebensunterhalt aufzukommen.

Der Art. 115 der Bundesverfassung gewährleistet keine Ansprüche auf Fürsorgeleistungen. Er befasst sich ausschliesslich mit der Zuständigkeitsordnung. Die materielle Ordnung der Fürsorge ist Aufgabe des kantonalen Rechts. Doch anerkennt Art. 12 der Bundesverfassung ein Grundrecht auf Hilfe in Notlagen.

*«Art. 12 Recht auf Hilfe in Notlagen*

*Wer in Not gerät und nicht in der Lage ist, für sich zu sorgen, hat Anspruch auf Hilfe und Betreuung und auf die Mittel, die für ein menschenwürdiges Dasein unerlässlich sind.»*

Damit wird den Kantonen, die nach Art. 115 der Bundesverfassung für die Sozialhilfe zuständig sind, in genereller Form der Auftrag erteilt jeder Person, wohnhaft in der Schweiz, die in Not geraten ist, Hilfe und Betreuung zu gewähren sowie die Mittel, die für ein menschenwürdiges Dasein unerlässlich sind, zur Verfügung zu stellen.

Das Bundesgericht hat in mehreren Fällen säumige Kantone zur Einhaltung dieser Verfassungsbestimmung verpflichtet. An sich sind die Kantone frei, wie sie diese Verfassungsbestimmung umsetzen und insbesondere wie sie die Sozialleistungen bemessen, die nach ihrer Ansicht für ein menschenwürdiges Dasein unerlässlich sind.

Die Schweizerische Konferenz für Sozialhilfe SKOS, ein von den Kantonen, Gemeinden und privaten Institutionen getragener Verband, hat als Entscheidungshilfe Richtlinien für deren Bemessung erlassen. Sie leistete damit einen bedeutenden Beitrag zur wirksamen Ausgestaltung der Sozialhilfe und zur Schaffung gesamtschweizerischer Standards.

Diese Richtlinien definieren das so genannte soziale Existenzminimum. Dieses setzt sich, gestuft nach Haushaltsgrösse, im Wesentlichen zusammen aus einer Unterhaltspauschale, die sich auf einen konkreten Warenkorb bezieht, aus den tatsächlichen Wohnkosten und aus den Krankenkassenprämien. Betragsmässig beziehen sich die Unterstützungsansätze nur auf den so genannten Grundbedarf, was ca. einem Drittel des gesamten Lebensbedarfs entspricht. Der Grundbedarf für den gesamten Lebensunterhalt wird heute von der SKOS für einen Einpersonenhaushalt auf CHF 1030 pro Monat festgelegt. Die SKOS schlägt weiter vor, diesen Betrag, der dem Minimum entspricht, das zu einer menschenwürdigen Existenz nötig ist, zu ergänzen mit einem Zuschlag (Grundbedarf 2). Dieser Zuschlag variiert von Region zu Region und er soll die soziale Integration der betroffenen Personen unterstützen. In Tabelle 23 sind die SKOS-Vorschläge dargestellt.

| Haushaltsgrösse | Grundbedarf I (in CHF pro Monat) | Grundbedarf II (in CHF pro Monat) | Total (GB I und II in CHF pro Monat) |
|---|---|---|---|
| 1 Person | 1'030 | 46–160 | 1'076–1'190 |
| 2 Personen | 1'576 | 71–244 | 1'647–1'820 |
| 3 Personen | 1'916 | 86– 297 | 2'002–2'213 |
| 4 Personen | 2'205 | 100–342 | 2'305–2'547 |
| 5 Personen | 2'493 | 100–342 | 2'593–2'835 |
| 6 Personen | 2'781 | 100– 342 | 2'881–3'123 |
| 7 Personen | 3'070 | 100–342 | 3'170–3'412 |

**Tabelle 23:** Empfohlene Beträge der SKOS für den Grundbedarf I und II (Stand 2006)
Quelle: Bundesamt für Sozialversicherung

Das Existenzminimum soll den von Armut Betroffenen ein bescheidenes Leben sichern und ihnen die Möglichkeit geben, am sozialen Leben teilzunehmen. Damit soll verhindert werden, dass auf eine vorübergehende Armut die Verelendung, der Eintritt in die Kriminalität und die gesellschaftliche Ausgrenzung folgen; dies mit all den negativen Folgen für die Betroffenen und die Gesellschaft. Mit der Sozialhilfe, die die Existenzsicherung auf bescheidenem Niveau gewährleistet, kann eine Stigmatisierung der Betroffenen verhindert werden. Auch trägt sie zur Erhaltung des sozialen Friedens bei.

Das Existenzminimum, wie es die SKOS-Richtlinien empfehlen, orientiert sich wie jedes Existenzminimum am Bedarf für eine bescheidene Existenz. Es ist in seiner Höhe heute vergleichbar mit jenem des Betreibungsrechts, liegt aber wesentlich unter den Ergänzungsleistungen zur AHV und IV.

Die meisten Kantone wenden heute diese SKOS-Richtlinien an, um die Unterstützungsbeiträge für in Armut geratene Personen festzulegen. Es gibt allerdings kein Gesetz, das sie dazu verpflichtet. Die Sozialdirektorenkonferenz (SODK) der Kantone bemüht sich darum, dass alle diese einheitlichen Standards benutzen. Auch das Bundesgericht orientiert sich in seiner Rechtsprechung an den SKOS-Richtlinien.

## 11.1 Die Kosten der Sozialhilfe

In den letzten Jahren sind die Ausgaben für die Sozialhilfe in den Kantonen massiv angestiegen. Insbesondere in den grösseren Städten betrug das Wachstum dieser Ausgaben jährlich mehr als 10%. So stiegen beispielsweise in Bern im Jahre 2003 die Unterstützungsgesuche um 13% an. In Basel führte die massive Zunahme der Fürsorgeempfänger im selben Jahr zu einem Notstand und in Zürich musste das ordentliche Budget mit einem Nachtragskredit von über CHF 50 Mio. aufgestockt werden. Die übermässige Zunahme der Sozialhilfeempfänger in den Städten liegt im Wesentlichen daran, dass potenzielle Hilfesuchende eher in der «städtischen Anonymität» Wohnsitz nehmen als auf dem Lande, wo der Bezug der Sozialhilfe rascher bekannt wird und zur Ausgrenzung und Stigmatisierung führen kann. In Abbildung 26 ist die Entwicklung des Finanzbedarfs der öffentlichen Hand dargestellt.

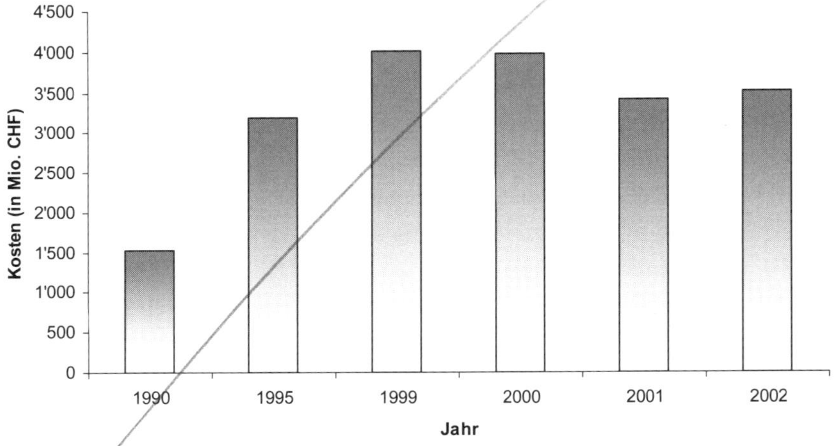


**Abbildung 26:** Gesamtkosten der öffentlichen Sozialhilfe
Quelle: Bundesamt für Sozialversicherung

Die steigenden Fürsorgekosten sind natürlich keine guten Nachrichten in Zeiten, in denen fast alle Kantone Sparpakete schnüren. Der Hauptgrund dieser Steigerung liegt zum grossen Teil in der anhaltenden Wirtschaftsflaute. Im Jahre 2005 waren in der Schweiz rund 300'000 Menschen von der Sozialhilfe abhängig. Vergleichen wir diese Zahl mit Bezügerkreisen z.B. der Invaliden- und der Arbeitslosenversicherung, so sehen wir, dass sie in der gleichen Grössenordnung liegt, wenn die Familien mit einbezogen werden.

Verglichen mit diesen beiden Sozialversicherungswerken sind die Kosten der Sozialhilfe von jährlich rund CHF 3 Mrd. zwar als niedrig einzustufen. Gleichwohl bereiten sie den Finanzverantwortlichen in den Kantonen und Gemeinden Sorge. Zum einen fehlen in diesem Bereiche die Bundessubventionen gänzlich, dies im Gegensatz zum Beispiel zu den Ergänzungsleistungen. Zum andern fehlt auch ein Ausgleichsmechanismus wie etwa beim AHV-Fonds, um konjunkturelle Schwankungen aufzufangen. Nur wenige Kantone kennen einen internen Lastenausgleich. Das Kostenwachstum der Sozialhilfe belastet also unmittelbar die Finanzhaushalte der Kantone und Gemeinden, und dies jeweils im ungünstigsten Moment, wenn nämlich in Zeiten wirtschaftlicher Flauten und Rezessionen die Einnahmen ohnehin spärlicher fliessen.

So gerät natürlich die Sozialhilfe bei den jährlichen Budgetdebatten immer wieder unter Beschuss und dabei werden auch die SKOS-Richtlinien ins Visier genommen. Nicht zuletzt aufgrund dieses wachsenden politischen Drucks überprüft die SKOS gegenwärtig ihre Richtlinien. Dies wird Gelegenheit bieten, den verantwortlichen politischen Entscheidungsträgern und auch der breiten Öffentlichkeit zu zeigen, dass selbst ein Leben auf dem Existenzminimum etwas kostet, es sei denn, wir lassen es zu, dass Menschen in unserem Lande, die sehr oft unverschuldet verarmen, in die Verelendung gedrängt werden.

## 11.2 Aufsicht und Durchführung

Der Bund übt keine direkte Aufsicht über die Fürsorge aus, weil die Kantone abschliessend dafür verantwortlich sind. Immer wieder kommt es vor, dass betroffene Menschen gegen ihren Wohnsitzkanton beim Bundesgericht auf Verletzung der Bundesverfassung (Art. 12) klagen und meistens von diesem auch Recht erhalten. So übt das höchste Gericht indirekt in gewissem Sinne eine Aufsicht aus, indem es darüber wacht, dass das verfassungsmässig garantierte Grundrecht auf Hilfe in Notlagen nicht verletzt wird. Die Durchführung der Sozialhilfe obliegt in der Regel den Sozialdirektionen der Kantone. In mehreren Kantonen wird diese Aufgabe ganz oder teilweise den Gemeinden übertragen.

## 11.3 Ausblick

Die Sozialversicherungen sollen und müssen die Entstehung der Fürsorgebedürftigkeit weitgehend verhindern. Die Sozialhilfe selbst soll auch künftig nur das letzte Auffangnetz der sozialen Sicherung bilden. Eine lückenlose Sicherung gegen Armut, wie sie der Verfassungsauftrag beinhaltet, setzt eine finale Regelung voraus. Diese Aufgabe kommt der Sozialhilfe zu. Sie schliesst als subsidiäre Einrichtung alle Lücken im sozialen Netz und vollendet auf diese Weise das System der sozialen Sicherheit. Die Sozialhilfe muss aber das letzte Auffangnetz bleiben und darf nicht immer mehr Aufgaben der Sozialversicherungen übernehmen. So führte beispielsweise die Reduktion der Bezugsdauer in der Arbeitslosenversicherung zu einem starken Anstieg der Sozialhilfeempfänger und mangelhafte Familienleistungen drängen Familien in die Armut und in die Fürsorge, obwohl die Verfassung klar vorgibt, die wirtschaftlichen Folgen der Mutterschaft abzusichern.

Wollen wir, dass auch künftig alle Menschen in Würde und frei leben können, müssen wir alles unternehmen um die Zahl der Sozialhilfeempfänger massiv zu reduzieren. Das heisst nichts anderes, als dass auch künftig die wichtigen Lebensrisiken über die Sozialversicherungen und ergänzend über gesetzlich klar geregelte Bedarfsleistungen abzusichern sind.

# 12. Die grenzüberschreitende soziale Sicherheit

Die Organisation für wirtschaftliche Zusammenarbeit und Entwicklung (OECD) mit Sitz in Paris gibt regelmässig vergleichende Berichte über die Soziale Sicherheit der Mitgliedstaaten heraus. Diese Berichte geniessen bei den politischen Behörden jeweils einen hohen Stellenwert und führen nicht selten in einzelnen Staaten zu korrigierenden Massnahmen, wenn einerseits das Leistungsniveau im Quervergleich zu tief liegt oder andrerseits die Belastung der Volkswirtschaft zu stark angestiegen ist.

Die OECD wurde im Jahre 1961 gegründet und geht auf einen im Jahre 1960 ausgearbeiteten Plan des amerikanischen Finanzministers C. D. Dillon (Dillonplan) zurück. Dillon schlug vor, dass sich die damals 20 wirtschaftlich hoch entwickelten Länder zu einer Organisation zusammenschliessen, dies mit dem Zweck einer verstärkten Förderung der Entwicklungsländer.

Heute gehören der OECD 30 Industrieländer an. Sie unterstützt die Regierungen, den wirtschaftlichen, sozialen und umweltpolitischen Herausforderungen einer globalisierten Wirtschaft zu begegnen, und spielt dabei eine zentrale Rolle im Bereiche der «good governance», also der guten Regierungs- und Unternehmensführung. Mit ihren analytischen Arbeiten und der sektoriellen Überwachungstätigkeit hilft sie den Staaten ihre wesentlichen Wirtschaftssektoren wettbewerbsfähig zu halten und strategische Neuausrichtungen zu vollziehen. Durch internationale Instrumente wie Konventionen, Entscheide und Empfehlungen trägt die OECD zur Erarbeitung von neuen internationalen Regeln bei, namentlich in den Bereichen, wo gemeinsame Spielregeln als nötig erachtet werden. Dazu zählt auch die soziale Sicherheit. Alle Mitgliedstaaten der OECD verfügen heute über einen guten bis sehr guten Sozialschutz, der jeweils die wichtigen Lebensrisiken absichert.

Auch die internationalen Organisationen UNO, IAO (internationale Arbeitsorganisation) und der Europarat nehmen über Empfehlungen und Normen Einfluss auf die Ausgestaltung der Sozialsysteme der Mitgliedstaaten. Insbesondere fordern sie, dass die soziale Sicherheit im Leistungsbereich ein Existenzminimum garantiert.

Die UNO hat bis heute kein Übereinkommen geschaffen, das sich speziell mit der sozialen Sicherheit befasst. Sie beruft sich bei ihren Forderungen auf das

Recht auf soziale Sicherheit, das in der allgemeinen Erklärung zu den Menschenrechten enthalten ist und in die verschiedenen Akten der Grundrechtsübereinkommen aufgenommen wurde.

Mit mehr als 180 Übereinkommen und einer Vielzahl von Empfehlungen ist die IAO weltweit der bedeutendste «Produzent» internationaler Normen. Das Übereinkommen über die Mindestnormen der sozialen Sicherheit aus dem Jahre 1952 hatte eine globale Wirkung. Es deckt die neun Risiken Krankheit, Mutterschaft, Alter, Hinterlassene, Invalidität, Berufsunfälle und Berufskrankheiten, Arbeitslosigkeit sowie die Familienlasten ab. Dieses Übereinkommen setzt im Wesentlichen Normen über die Höhe der jeweiligen Leistungen und der Bezugsdauer. So fordert es z.B. mindestens 40% eines durchschnittlichen Erwerbseinkommens (Referenzlohn) als Altersrente. Die Schweiz hat das Übereinkommen nur für die fünf Bereiche Alter, Hinterlassene, Invalidität, Berufsunfälle und Berufskrankheiten sowie Familienlasten ratifiziert.

Im Jahre 1961 schuf der Europarat die Europäische Sozialcharta. Diese bildet hinsichtlich der wirtschaftlichen und sozialen Rechte das Gegenstück zur Europäischen Menschenrechtskonvention. Art. 12 der Charta, der im Rahmen der sozialen Grundrechte das Recht auf soziale Sicherheit regelt, gehört zu den sieben Artikeln, die die Hauptforderungen der Charta bilden. Darauf aufbauend verabschiedete der Europarat im Jahre 1964 die Europäische Ordnung der sozialen Sicherheit. Ziel dieser Ordnung sollte nicht sein, die Sozialversicherungssysteme der einzelnen Staaten zu vereinheitlichen, sondern innerhalb der verschiedenen nationalen Systeme einen vergleichbar hohen Stand der sozialen Sicherheit zu erreichen.

Der Europarat hätte an sich das Übereinkommen der IAO übernehmen können resp. den Mitgliedstaaten die Ratifizierung empfehlen können. Er war aber der Auffassung, dass die Länder Westeuropas höhere Normen beschliessen müssten und sich auf einen sozialen Schutz verpflichten sollten, der ihrer wirtschaftlichen Entwicklung Rechnung trägt. Von den 40 Mitgliedstaaten haben bis heute folgende Staaten diese Europäische Ordnung der sozialen Sicherheit ratifiziert: Belgien, Dänemark, Deutschland, Frankreich, Griechenland, Grossbritannien, Irland, Italien, Luxemburg, die Niederlande, Norwegen, Portugal, Schweden, die Schweiz, Spanien, die Türkei und Zypern.

Auch die Mitgliedstaaten der Europäischen Union kennen sehr unterschiedliche Systeme und eine Harmonisierung ist nicht vorgesehen. Die EU hat aber zwei Empfehlungen im Bereiche der Sozialpolitik herausgegeben. Die Empfehlung vom 24. Juni 1992 beinhaltet gemeinsame Kriterien für ausreichende Zuwendungen und Leistungen im Rahmen der einzelstaatlichen Systeme der sozialen Sicherung und die Empfehlung vom 27. Juli 1992 hält Vorschläge zur Annäherung der Ziele und der Politik im Bereiche des sozialen Schutzes fest. Alle Mitgliedstaaten sind aufgefordert, jeder Person ein Recht auf ausreichende Sozialleistungen zu garantieren. Sie bestimmen aber den Aufbau, die Finanzierung und die Organisation ihrer Systeme zur sozialen Sicherung selbst.

Mit Blick einerseits auf den freien Personenverkehr innerhalb der EU und andrerseits auf die wachsende Zahl der Menschen, die ausserhalb ihres Heimatstaates wohnen und arbeiten, sind immer mehr auch globale Lösungen betreffend eines wirksamen Sozialschutzes notwendig.

Innerhalb der EU wurden die einzelstaatlichen Systeme so koordiniert, dass niemand den Sozialschutz verliert, wenn er von einem Mitgliedland in ein anderes zieht. Ausserhalb der EU werden bilaterale Sozialersicherungsabkommen abgeschlossen. So kennt die Schweiz über 40 solche zwischenstaatliche Vereinbarungen über die soziale Sicherheit (Stand 01.01.06).

Am 1. Juni 2002 trat das bilaterale Abkommen mit der EU über die Personenfreizügigkeit in Kraft. Dieses Abkommen enthält Bestimmungen über die Koordinierung der Systeme der sozialen Sicherheit zwischen der Schweiz und den Mitgliedstaaten der EU. Ziel der Koordination ist es sicherzustellen, dass jemand, der zu Wohn- oder Arbeitszwecken in ein anderes Land wechselt, nicht wegen des Landeswechsels benachteiligt wird. Die Sozialversicherung resp. der Sozialschutz der einzelnen Staaten ist grundsätzlich auf den Schutz der im eigenen Land lebenden und arbeitenden Personen ausgerichtet. Die beteiligten Staaten, d.h. die Schweiz und die Mitgliedstaaten der EU, gewährleisten diesen grenzüberschreitenden Sozialschutz, indem sie sich gegenseitig zur Einhaltung wichtiger sozialer Grundsätze verpflichten.

## 12.1 Internationaler Vergleich des Sozialschutzes

Um die Einnahmen und Ausgaben für die soziale Sicherheit der verschiedenen Länder miteinander vergleichen zu können, müssen die Definitionen übereinstimmen und die Zuordnungen in allen Ländern nach den gleichen Kriterien erfolgen. Es existieren heute zwei Konzepte zur Erfassung der Daten der sozialen Sicherheit. Die OECD entwickelte die «Social Expenditure Database SOCX» und die EU führte das «Europäische System der integrierten Sozialschutzstatistik ESSOSS» ein. Weil der internationale Vergleich der EU in der Regel aktuellere Daten umfasst und auch die Mittelbeschaffung mit einschliesst, ist dieses System in Europa heute dominant.

Der Sozialschutz wird gemäss ESSOSS wie folgt definiert:

*«Sozialschutz sind alle Eingriffe öffentlicher oder privater Stellen, um die Lasten privater Haushalte und Einzelpersonen zu decken, die ihnen durch eine genau festgelegte Zahl von Risiken oder Bedürfnissen entstehen, sofern diese weder eine Vereinbarung auf Gegenseitigkeit erfordern noch im Rahmen individueller Vereinbarungen erfolgen.»*

In der Schweiz umfasst der Sozialschutz gemäss der ESSOSS-Definition nachfolgende Leistungen:

- die obligatorischen Sozialversicherungen mit Ausnahme der Militärversicherung und der Erwerbsersatzordnung;
- die bedarfsabhängigen staatlichen Sozialleistungen wie die Ergänzungsleistungen und die Sozialhilfe;
- die Subventionen der öffentlichen Hand für das Gesundheitswesen, die Altersheime und den Jugendschutz;
- soziale Massnahmen im Rahmen der Drogen- und Asylpolitik;
- übrige Sozialleistungen wie die Lohnfortzahlung der Arbeitgeber bei Krankheit oder Unfall sowie Leistungen privater Institutionen.

Die berufliche Vorsorge wird gesamthaft berücksichtigt, also auch der überobligatorische Teil. Demgegenüber werden bei der Krankenversicherung und der Unfallversicherung nur die obligatorischen Teile einbezogen. Im Sozialschutz nach ESSOSS ist das steuerprivilegierte Sparen in der 3. Säule der Altersvorsorge nicht enthalten. Gesamthaft gesehen ist diese Definition des Sozialschutzes weiter gefasst als diejenige der Gesamtrechnung der Sozialversicherungen. In internationalen Vergleichen werden die Sozialausgaben in der Regel ins Verhältnis zum Bruttoinlandprodukt (BIP) gesetzt. Es gilt dabei zu beachten, dass es sich bei den Sozialausgaben zu einem wesentlichen Teil um Transferzahlungen handelt, die als solche nicht Bestandteil des BIP sind.

Die Tabelle 24 zeigt einen europäischen Vergleich der Sozialschutzausgaben in Prozenten des BIP der vergangenen Jahre.

| | 1990 | 1993 | 1994 | 1995 | 1996 | 1997 | 1998 | 1999 | 2000 |
|---|---|---|---|---|---|---|---|---|---|
| EU-15 | 25.5 | 28.8 | 28.5 | 28.3 | 28.4 | 28.0 | 27.6 [1] | 27.5 [2] | 27.3 [2] |
| EUR-11 | 25.5 | 28.4 | 28.1 | 28.0 | 28.3 | 27.9 | 27.5 [1] | 27.5 [2] | 27.2 [2] |
| EUR-12 | 25.5 | 28.3 | 28.0 | 27.9 | 28.2 | 27.8 | 27.4 [1] | 27.4 [2] | 27.1 [2] |
| Belgien | 26.4 | 29.3 | 28.7 | 28.1 | 28.6 | 27.9 | 27.6 [1] | 27.4 [2] | 26.7 [2] |
| Dänemark | 28.7 | 31.9 | 32.8 | 32.2 | 31.4 | 30.4 | 30.2 | 29.8 | 28.8 |
| Deutschland | 25.4 | 28.4 | 28.3 | 28.9 | 29.9 | 29.5 | 29.3 | 29.6 | 29.5 [1] |
| Griechenland | 22.9 | 22.1 | 22.1 | 22.3 | 22.9 | 23.3 | 24.2 | 25.5 | 26.4 [1] |
| Spanien | 19.9 | 24.0 | 22.8 | 22.1 | 21.9 | 21.2 | 20.6 [1] | 20.2 [1] | 20.1 [1] |
| Frankreich | 27.9 | 30.7 | 30.5 | 30.7 | 31.0 | 30.8 | 30.5 | 30.2 | 29.7 [1] |
| Irland | 18.4 | 20.2 | 19.7 | 18.9 | 17.8 | 16.7 | 15.5 | 14.8 | 14.1 |
| Italien | 24.7 | 26.4 | 26.0 | 24.8 | 24.8 | 25.5 | 25.0 | 25.3 [1] | 25.2 [1] |
| Luxemburg | 22.1 | 23.7 | 23.0 | 23.7 | 24.0 | 22.6 | 21.7 | 21.8 | 21.0 |
| Niederlande | 32.5 | 33.6 | 31.7 | 30.9 | 30.1 | 29.4 | 28.4 | 28.0 | 27.4 [1] |
| Österreich | 26.7 | 28.9 | 29.8 | 29.6 | 29.5 | 28.8 | 28.4 | 28.8 | 28.7 |
| Portugal | 15.2 | 21.0 | 21.3 | 22.1 | 21.2 | 21.4 | 22.1 | 22.6 | 22.7 [1] |
| Finnland | 25.1 | 34.6 | 33.8 | 31.8 | 31.6 | 29.3 | 27.3 | 26.7 | 25.2 [1] |
| Schweden | 33.1 | 39.0 | 37.6 | 35.5 | 34.7 | 33.8 | 33.4 | 32.9 | 32.3 [1] |
| Vereinigtes Königreich | 23.0 | 29.0 | 28.6 | 28.2 | 28.1 | 27.5 | 26.9 | 26.5 | 26.8 [1] |
| Island | 16.9 | 19.4 | 18.4 | 19.0 | 18.8 | 18.6 | 18.5 | 19.1 | 19.5 |
| Norwegen | 26.3 | 28.4 | 27.8 | 26.9 | 26.2 | 25.6 | 27.5 | 27.9 | 25.4 |
| **Schweiz** | **19.9** | **24.8** | **25.2** | **25.8** | **26.9** | **28.0** | **28.1** | **28.1** | **27.3** |

**Tabelle 24:** Europäischer Vergleich der Sozialschutzausgaben in Prozenten des BIP
Quelle: Bundesamt für Sozialversicherung

[1] Vorläufige Daten
[2] Geschätzte Daten

EUR-11: Die Euro-Zone umfasst Belgien, Deutschland, Spanien, Frankreich, Irland, Italien, Luxemburg, Niederlande, Österreich, Portugal und Finnland.

EUR-12: EUR-11 plus Griechenland.

EU-15: EUR-12 plus Dänemark, Schweden und das Vereinigte Königreich.

Bei solchen Vergleichen muss immer wieder auch beachtet werden, dass die Sozialleistungen brutto ausgewiesen werden, d.h. ohne Abzug von Steuern oder anderen Abgaben, die bei den Leistungsempfängern erhoben werden. Je stärker diese Leistungen besteuert werden, desto grösser ist die Differenz zwischen den ausgewiesenen Bruttoleistungen und denjenigen Sozialleistungen, die effektiv bei der Bevölkerung verbleiben. Da die Besteuerung von Sozialleistungen innerhalb Europas sehr unterschiedlich ist, kann die Verwendung von Bruttoleistungen deshalb im Ländervergleich bei gewissen Analysen zu falschen Schlüssen führen. So werden z.B. in der Schweiz Altersrenten voll besteuert, während sie in mehreren europäischen Ländern steuerbefreit sind. Ebenso werden diejenigen sozialen Massnahmen nicht erfasst, welche das verfügbare Einkommen durch die Senkung der Steuerbelastung erhöhen (z.B. Kinderabzüge oder das steuerbegünstigte Sparen über die 3. Säule). Die Tabelle 24 gibt für die Schweiz folgendes Bild:

In den vergangenen Jahren hat die Sozialausgabenquote im europäischen Vergleich überdurchschnittlich stark zugenommen. Lag sie im Jahre 1990 mit knapp 20 % noch unter derjenigen der meisten europäischen Länder, entsprach sie 10 Jahre später mit rund 27 % etwa dem europäischen Mittel. Der Grund dieser Entwicklung liegt zur Hauptsache darin, dass die Schweiz von der Wirtschaftskrise der 90er Jahre im Vergleich zu anderen Ländern besonders nachhaltig betroffen wurde. Die Tabelle 24 zeigt aber auch, dass innerhalb Westeuropas praktisch in allen Ländern ein guter bis sehr guter Sozialschutz aufgebaut wurde. Mit der EU-Osterweiterung werden in den nächsten Jahren weitere europäische Länder einen ähnlichen Sozialstandard aufbauen, was auch zu einer Verstärkung der politischen Stabilität innerhalb des alten Kontinents beitragen wird.

Die Systeme der sozialen Sicherheit in Europa weisen viele Unterschiede hinsichtlich der Finanzierung, der Anspruchsberechtigung, der Organisation und der Leistungsniveaus auf. So überwiegt in den Ländern Kontinentaleuropas das Bismarckmodell, während in Grossbritannien, Irland und in den skandinavischen Ländern die Ideen von Beveridge verstärkt umgesetzt wurden. Bei näherer Betrachtung zeigt sich aber, dass heute in den meisten Staaten Europas Mischformen existieren. So gibt es z.B. in Italien eine Altersversicherung, die auf dem Sozialversicherungsprinzip nach Bismarck aufgebaut wurde, und andrerseits hat das gleiche Land das Gesundheitswesen nach der Konzeption von Beveridge verstaatlicht.

In allen 15 Staaten der EU (ohne die 10 Staaten der Osterweiterung) werden in den unterschiedlichen Sozialsystemen Leistungen zur Einkommenssicherung ausgerichtet, um die klassischen Risiken Alter, Tod Invalidität, Krankheit, Mutterschaft, Familienlasten und Arbeitslosigkeit abzudecken. Zusätzlich zu diesen klassischen Risiken werden in einigen Ländern auch andere unvorhergesehene Ereignisse abgedeckt. So kennt Deutschland für die Langzeitpflege eine Pflegeversicherung; Frankreich, Deutschland und Luxemburg gewähren Zulagen an die Kosten für die Kindererziehung; Grossbritannien und Italien leisten einen Beitrag an die Kosten für die Betreuung von behinderten oder kranken Verwandten, und Belgien, Griechenland, Spanien, Frankreich, Irland, Luxemburg und Portugal kennen Zulagen für Familien mit behinderten Kindern und zur Deckung der Aufwendungen von Alleinerziehenden. Im Unterschied zur Schweiz wird das verbleibende Risiko unzureichender finanzieller Mittel in allen Staaten mit Ausnahme von Griechenland, Portugal, Spanien und Italien durch Systeme zur Mindesteinkommenssicherung abgedeckt.

Für die **Alterssicherung** kennen alle 15 Staaten obligatorische Systeme, die durch Eigenvorsorge oder eine betriebliche Vorsorge ergänzt werden. Es kennen die meisten eine Art Dreisäulensystem und haben ein ähnliches Vorsorgeziel wie die Schweiz. Es soll nicht nur der Existenzbedarf durch ein Ruhestandseinkommen angemessen gedeckt werden, sondern auch die Fortsetzung der gewohnten Lebenshaltung sollte im vernünftigen Masse möglich sein. In der Alterssicherung überwiegen die Sozialversicherungssysteme, allerdings mit unterschiedlichen Berechnungsverfahren und Leistungsstandards. Für die grosse Mehrheit der Erwerbstätigen, namentlich der Unselbständigerwerbenden, ist die Mitgliedschaft in einem Versicherungssystem vorgeschrieben.

Die Finanzierung der gesetzlichen Rentenversicherungen erfolgt in erster Linie durch Beiträge der Arbeitnehmer und der Arbeitgeber. Sie betragen in der Regel einen bestimmten Prozentsatz des Bruttoverdienstes der Arbeitnehmenden, wobei anders als in der Schweiz zumeist Obergrenzen festgelegt sind.
Ebenfalls im Unterscheid zur Schweiz, wo die Beiträge von Arbeitnehmenden und Arbeitgeber gleich hoch sind, überwiegen die Letzteren in vielen Ländern zum Teil ganz beträchtlich. Auch der Staat trägt überall zur Finanzierung der Leistungen bei, wobei seine Beteiligung von variablen Zuschüssen zur Defizitdeckung bis zu festen Anteilen reicht.

Alle Länder kennen die periodische Anpassung der Leistungen an den Lohnoder den Preisindex. In Belgien, Spanien, Frankreich, Italien, Luxemburg und

Portugal werden die Renten auf einen Mindestbetrag angehoben, wenn diese auf der Grundlage von versicherungstechnischen Berechnungen zu niedrig ausfallen würden. Dänemark, Schweden, Finnland und die Niederlande kennen ein umfassendes Alterssicherungssystem, das allen Einwohnern nach dem Wohnsitzprinzip eine Grundrente garantiert. Auch Grossbritannien und Irland verfügen über solche nationalen Altersvorsorgesysteme, diese sind aber auf die Erwerbstätigen beschränkt. Bei diesen Systemen trägt der Staat die Hauptfinanzierungslast. Nur die gesetzlich vorgesehenen Zusatzsysteme sind beitragsfinanziert. Die Grundrenten sind für alle Bezügerinnen und Bezüger gleich, wobei allerdings Zuschläge für Familienlasten gezahlt werden.

Zusätzlich zu den Grundrenten (erste Säule) gibt es in allen Staaten Zusatzrenten (weitere Säulen). In 7 Ländern ist eine Mitgliedschaft in Systemen der ergänzenden Altersvorsorge für bestimmte Gruppen obligatorisch. In Schweden und Finnland erstreckt sie sich auf alle Erwerbstätigen; in Dänemark, Grossbritannien und den Niederlanden nur auf Arbeitnehmende und dort auch nur auf bestimmte Industriezweige, in denen Tarifverträge zwischen den Sozialpartnern bestehen. In Frankreich erfasst die Zusatzvorsorge alle Arbeitnehmer sowie bestimmte Gruppen von Selbständigerwerbenden und in Griechenland lediglich für Kategorien von Erwerbstätigen mit in der Regel tieferen Einkommen.

In allen Staaten belaufen sich im Durchschnitt die Zahlungen an Rentnerinnen und Rentner, einschliesslich privater Renten sowie zusätzlicher Zuwendungen für besondere Pflegebedürfnisse, auf rund 56% des durchschnittlichen Erwerbseinkommens. Den höchsten Wert erreichen die Niederlande mit 72% und den tiefsten Griechenland mit 42%.

Das Rentenalter liegt heute mehrheitlich bei 65 Jahren. Es differiert in einigen Ländern zwischen Frauen und Männern. Generell zeigt sich aber eine Tendenz innerhalb Europas das Rentenalter auf einheitlich 65 Jahre für Männer und Frauen anzugleichen. Mit aller Deutlichkeit muss dabei aber festgehalten werden, dass es sich hier um das Regelrentenalter handelt, das in fast allen Ländern mit grosszügigen Frühpensionierungsregelungen über die staatliche und private Altersvorsorge unterschritten wird.

Die Anspruchsvoraussetzungen für **Invalidenrenten** sind äusserst unterschiedlich geregelt. In allen Staaten werden allerdings Renten bei Vorliegen eines bestimmten Grades an Erwerbs- oder Berufsunfähigkeit gewährt. In Deutschland, Italien, Grossbritannien, Portugal und Österreich werden die Invalidenrenten analog den Altersrenten festgelegt. In Belgien und Frankreich wird die Invalidität über die Krankenversicherung abgedeckt. In den andern Staaten erfolgt die soziale Absicherung durch die für die Alterssicherung zuständigen Systeme, so wie dies auch in der Schweiz der Fall ist. Grundsätzlich werden wie in der Schweiz die Invalidenrenten mit Erreichung des Rentenalters in Altersrenten umgewandelt. Wie im Falle der Invalidität sind in allen Staaten auch für die Hinterlassenenversorgung die mit der Alterssicherung beauftragten Einrichtungen zuständig.

Innerhalb der EU existiert generell eine sehr gute **Gesundheitsversorgung**. Die Versorgung erfolgt entweder im Rahmen eines Sozialversicherungssystems oder in Form eines nationalen Gesundheitsdienstes, den Grossbritannien, Irland, Dänemark, Portugal, Italien und Spanien kennen. In diesen nationalen Gesundheitsdiensten sind die Leistungen in der Regel unentgeltlich. Sie werden im Wesentlichen durch öffentliche Mittel und nur zu einem sehr geringen Teil über Kostenbeteiligungen finanziert. Die Leistungserbringer sind in der Regel direkt vom Staat angestellt.

Im Gegensatz zur Schweiz werden in den Staaten mit Sozialversicherungssystemen lohnabhängige Beiträge bei den Arbeitnehmern und den Arbeitgebern erhoben. Obligatorisch versichert sind insbesondere Arbeitnehmer sowie bestimmte Gruppen von Erwerbstätigen. Daneben besteht zumeist die Möglichkeit, sich freiwillig zu versichern. Die Familienangehörigen sind jeweils automatisch mitversichert. In Europa kennt nur die Schweiz das Kopfprämiensystem.

In allen Staaten bestehen Einrichtungen zur Deckung der Risiken «**Arbeitsunfall**» und «**Berufskrankheit**». Nichtberufsunfälle (Freizeitunfälle) werden in der Regel von der Krankenversicherung oder vom nationalen Gesundheitsdienst abgedeckt. Mit Ausnahme von Griechenland und den Niederlanden kennen alle Länder eigenständige Unfallversicherungen. In Portugal und Dänemark existieren je eine Kombination aus gesetzlicher Versicherung und privater Unfallversicherung. In den Niederlanden werden Arbeitsunfälle und Berufskrankheiten von der Kranken- und Invalidenversicherung abgedeckt. Griechenland und Irland haben den zuständigen Organen für das Gesundheitswesen die Führung der Unfallversicherung übertragen. Die Organisation der Unfallversicherung ist in den einzelnen Staaten sehr unterschiedlich. Sie reicht von eigenen Unfallversicherungsanstalten (analog der SUVA in der Schweiz) wie in Österreich und Deutschland über staatliche Institutionen bis hin zu privaten Versicherern, die Dänemark und Portugal kennen. Mit Ausnahme von Belgien, Grossbritannien und Irland, wo der Staat Zuschüsse leistet, wird die Unfallversicherung voll über

Arbeitgeberbeiträge finanziert. In der Regel werden, wie in der Schweiz, die Unternehmen in Risikoklassen eingeteilt und haben entsprechend unterschiedliche Beiträge zu bezahlen.

Am unterschiedlichsten ist im Bereiche der sozialen Sicherheit innerhalb Europas die **Arbeitslosenversicherung** geregelt. Alle Staaten kennen eine Versicherung, doch sind die Voraussetzung für einen Leistungsbezug, die Höhe des Lohnersatzes und auch die Bezugsdauer sehr stark der wirtschaftlichen Situation des jeweiligen Landes angepasst. Entsprechend werden die gesetzlichen Regelungen auch häufig revidiert, wie übrigens auch in der Schweiz. Es wird hier deshalb verzichtet auf die Regelungen in den einzelnen Ländern einzugehen.

Die Familienlasten werden in allen Staaten sozial gemildert, dies allerdings in unterschiedlicher Form und Intensität. Das Schwergewicht liegt wie in der Schweiz bei den Kinderzulagen (Kindergeld). Die Kinderzulagen sind in allen Staaten gesetzlich geregelt, jedoch sind diese nur in Dänemark, Deutschland, Irland, den Niederlanden und Grossbritannien eine staatliche Leistung. In Belgien, Frankreich, Portugal, Italien und Luxemburg finanzieren die Arbeitgeber und der Staat gemeinsam die Kinderzulagen und in Griechenland und Spanien leisten zusätzlich noch die Arbeitnehmer einen Beitrag.

In den meisten Ländern ist die Höhe des **Kindergeldes** (Familienzulagen) nach der Zahl der Kinder gestaffelt. Ein einheitliches Kindergeld kennen nur Dänemark, Spanien und Portugal. Darüber hinaus gelten in einigen Ländern Abstufungen nach dem Alter der Kinder und dem Einkommen der Eltern. Auch erhalten zum Teil Alleinerziehende Zuschläge. Neben dem Kindergeld kennen die meisten Länder weitere Geldleistungen zugunsten der Familien wie z.B. Geburtszulagen, Erziehungsgelder und Leistungen zum Schulanfang. Dank der EU entwickelt sich Europa immer mehr zu einem sozialen Kontinent, in dem alle Menschen gegen die wirtschaftlichen Folgen der wichtigen Lebensrisiken gesichert sind! Im Quervergleich liegt die Schweiz im Mittelfeld.

## 12.2 Zwischenstaatliche Abkommen über soziale Sicherheit

Die Schweiz ist mit rund 40 Staaten, mit denen sie weltweit bedeutende wirtschaftliche Beziehungen hat, durch bilaterale Abkommen über soziale Sicherheit verbunden. Die ersten Abkommen wurden Anfang der 1960er Jahre mit den

Ländern abgeschlossen, aus denen in grösserer Zahl Gastarbeiter zu uns kamen oder in die Schweizerinnen und Schweizer auswanderten um dort zu arbeiten. So wurden mit Italien und dem damaligen Jugoslawien im Jahre 1962 erste Abkommen abgeschlossen und es folgte 1968 ein Abkommen mit Grossbritannien.

Die Abkommen koordinieren die Systeme der Partnerstaaten und beruhen auf den folgenden international allgemein anerkannten Grundsätzen:

- Jeder Staat muss die Staatsangehörigen des anderen Staates in Bezug auf Rechte und Pflichten gegenüber seiner nationalen Gesetzgebung gleich behandeln;
- die Renten müssen den berechtigten Personen in ihr Heimatland und allenfalls auch nach Drittländern ausbezahlt werden;
- erworbene oder in Entstehung begriffene Ansprüche müssen aufrechterhalten bleiben.

Im Vordergrund stehen bei diesen Abkommen die Altersversicherung, die Invalidenversicherung und vielfach auch die Unfallversicherung. In einigen Abkommen werden auch der Zugang zur Krankenversicherung und die Familienzulagen geregelt. Die Arbeitslosenversicherung ist nicht eingeschlossen. Für diesen Bereich bestehen zwischen der Schweiz und den Nachbarstaaten eigene Verträge. Die Abkommen bestimmen, welche Gesetzgebung anwendbar ist. Dadurch wird vermieden, dass eine Person, die im einen Staat wohnt und im anderen arbeitet oder sogar in beiden Staaten erwerbstätig ist, für das gleiche Einkommen in beiden Staaten Beiträge zahlen muss. Bei dieser Abgrenzung der Versicherungsunterstellung folgen alle Abkommen dem Grundsatz der Unterstellung am Erwerbsort. Für gewisse Beschäftigtenkategorien, z.B. für entsandte Arbeitnehmer, die für einen Arbeitgeber in der Schweiz vorübergehend im Partnerstaat arbeiten, gelten besondere Vorschriften. Im Leistungsbereich sollen die Abkommen gewährleisten, dass eine Peson, die Beiträge bezahlt hat, im Versicherungsfall auch zu ihrer Leistung kommt.

Nachfolgend sind zu den einzelnen Versicherungszweigen, wichtige Regelungen in den Abkommen festgehalten:

### *Alters- und Hinterlassenenversicherung*

Wenn ein Vertragsstaat für den Erwerb von Ansprüchen auf Alters- und Hinterlassenenrenten mehrjährige Mindestversicherungszeiten verlangt, werden schweizerische AHV-Beitragszeiten berücksichtigt, so als wäre die Person im betreffenden Land versichert gewesen. Dadurch kommen auch schweizerische Staatsangehörige, die nur wenige Jahre im betreffenden Land arbeiteten, in den Genuss ausländischer Renten. Umgekehrt erhalten Staatsangehörige des Partnerstaates schweizerische Renten, wenn sie die schweizerische Mindestbeitragsdauer von einem Jahr und die übrigen Anspruchsvoraussetzungen erfüllen. Die Rente wird entsprechend der Beitragsdauer im jeweiligen Staat berechnet. Wer in der Schweiz und im Partnerstaat versichert war, erhält je eine Teilrente beider Länder. Die Abkommen garantieren die Rentenzahlung ins Ausland.

### *Invalidenversicherung*

Für die Invalidenversicherung gibt es zwei Vertragstypen. Nach dem Pro-rata-Prinzip erhält eine Person mit Versicherungszeiten in beiden Staaten im Invaliditätsfall eine Teilrente jedes Staates, wenn die jeweiligen Voraussetzungen erfüllt sind. Nach dem Risiko-Prinzip erhält die Person eine Rente des Vertragsstaates, dessen Versicherung sie beim Invaliditätseintritt angehörte. Wird eine Person in der Schweiz invalid, so wird nach dem Risiko-Prinzip ihre schweizerische Rente aufgrund der schweizerischen Beitragszeiten und der Beitragszeiten des Vertragsstaates berechnet. Wird sie im Partnerstaat invalid, so erhält sie die analoge Rente vom Partnerstaat. Auch hier garantieren die Abkommen die Auszahlung der erworbenen Renten ins Ausland.

### *Krankenversicherung*

In der Krankenversicherung erleichtern die Abkommen die Aufnahme in die Versicherung des Partnerstaates oder den Erwerb von Leistungsansprüchen. Schweizerseits betrifft dies nur die Taggeldversicherung, weil für die Aufnahme in die Krankenversicherung keine einschränkenden Bedingungen existieren. Es gilt generell das Versicherungsobligatorium für alle Personen mit Wohnsitz in der Schweiz.

### *Unfallversicherung*

In der Unfallversicherung regeln die Abkommen die gegenseitige Leistungsaushilfe. Wer z.B. in der Schweiz versichert ist und im Ausland verunfallt, wird wie ein dort Versicherter behandelt. Die Kosten werden später der Versicherung des Verunfallten berechnet. Ein Teil der Abkommen enthält zudem Sonderregelungen für die Leistungsabgrenzung, z.B. für den Fall, dass jemand bei seiner Arbeit in beiden Staaten einem schädigenden Stoff ausgesetzt war und deswegen eine Berufskrankheit erlitten hat.

### *Familienzulagen*

Bei den Familienzulagen beziehen sich die Abkommen in der Regel schweizerischerseits nur auf die bundesrechtlichen Zulagen für die Landwirtschaft. Der Anspruch auf kantonale Familienzulagen richtet sich nach den kantonalen Gesetzen. Durch das Abkommen erhält eine Person, die in einem Staat erwerbstätig ist, die Familienleistungen auch dann, wenn ihre Kinder im andern Staat wohnen. Einige Kantone sehen in ihrer Gesetzgebung vor, dass die Zulage der Kaufkraft des jeweiligen Empfängerstaates angepasst werden kann. Andrerseits gewähren hingegen alle Partnerstaaten den schweizerischen Staatsangehörigen den vollen Zugang zu ihren in der Regel zentral geregelten Familienzulagensystemen.

### *Arbeitslosenversicherung*

Die Schweiz hat mit den Nachbarstaaten bilaterale Abkommen über die Arbeitslosenversicherung abgeschlossen, worin der Schutz gegen Arbeitslosigkeit bei Grenzgängern geregelt ist. Diese beziehen bei Vollarbeitslosigkeit Leistungen von ihrem Wohnsitzland. Für die Teilarbeitslosigkeit kommt hingegen das Beschäftigungsland auf. Das Beschäftigungsland überweist dem Wohnsitzstaat die Arbeitslosenversicherungsbeiträge, die auf den Löhnen der in seinem Gebiet beschäftigt gewesenen Grenzgängerinnen und Grenzgänger erhoben wurden. Die Überweisungen umfassen die auf den einzelnen Einkommen erhobenen Beiträge und richten sich nicht nach der Anzahl Arbeitslosenfälle.

## 12.3 Das Freizügigkeitsabkommen mit der EU

Vor dem Inkrafttreten des Abkommens mit der EU über die Freizügigkeit am 1. Juli 2002 existierten zwischen der Schweiz und allen EU-Staaten bilaterale Abkommen über soziale Sicherheit. Ebenfalls auf den gleichen Zeitpunkt trat das revidierte EFTA-Abkommen in Kraft, das für die Staatsangehörigen der Schweiz, Islands, Liechtensteins und Norwegens in den Beziehungen zwischen diesen Staaten die analogen Regelungen des Abkommens Schweiz/EU übernahm. Das neue Abkommen mit der EU hat diese einzelstaatlichen Regelungen überflüssig gemacht und ist im sachlichen Geltungsbereich umfassender.

Das Abkommen gilt in der Schweiz für alle gesetzlichen Vorschriften von Bund und Kantonen über Krankheit und Mutterschaft, Invalidität, Alter, Tod (Hinterlassenenleistungen), Arbeitsunfälle und Berufskrankheiten, Arbeitslosigkeit und Familienleistungen. Auf Seiten der EU-Staaten bezieht sich der Vertrag auf die entsprechenden Versicherungen.

Der persönliche Geltungsbereich umfasst im gesamten Raum der EU und der Schweiz die erwerbstätigen und die erwerbstätig gewesenen Staatsangehörigen der Schweiz und der EU-Staaten sowie Flüchtlinge und Staatenlose. In Bezug auf abgeleitete Rechte sind auch Familienangehörige und Hinterlassene dieser Personen geschützt.

Es gilt der Grundsatz der Gleichbehandlung, d.h., jeder Staat muss Staatsangehörige jeweils anderer Staaten bei der Anwendung seiner Sozialversicherungsgesetzgebung wie eigene Staatsangehörige behandeln.

Das Abkommen bestimmt, in welchem Land eine Person ihre Sozialversicherungsbeiträge bezahlen muss. Es ist jeweils nur ein Staat für die Beitragspflicht in allen Versicherungszweigen zuständig, auch wenn eine Person in mehreren Staaten arbeitet. In der Regel gilt das Erwerbsortsprinzip (Lex Labori), d.h., die Gesetzgebung des Staates gilt, in dem gearbeitet wird. Dieses Prinzip gilt auch für die ehemaligen Erwerbstätigen wie Arbeitslose und Rentner sowie für ihre nicht erwerbstätigen Familienangehörigen. Sie sind dem Recht des Staates unterstellt, der die Leistungen der Arbeitslosenversicherung oder die Renten ausrichtet. Wenn eine Person einen Teil ihrer Arbeit im Wohnsitzstaat ausübt, ist dieser zuständig, in andern Fällen der Staat, in dem der Arbeitgeber seinen Sitz hat oder in dem die Haupttätigkeit ausgeübt wird.

Für gewisse Beschäftigtenkategorien, z.B. entsandte Arbeitnehmer, die für einen Arbeitgeber in der Schweiz vorübergehend in einem EU-Staat arbeiten, gelten besondere Vorschriften. Während der Entsendungsdauer bleiben alle Rechte und Pflichten der schweizerischen Gesetzgebung massgebend. Die entsandte Person und ihr Arbeitgeber bezahlen also weiterhin Beiträge an die schweizerischen Sozialversicherungen. Der Entsandte und seine Familienangehörigen bleiben in der Schweiz krankenversichert. Auch der Anspruch auf schweizerische Familienzulagen bleibt bestehen.

Die Zuordnungsregeln gelten für alle Versicherungszweige einschliesslich der Krankenversicherung. Hier bedurfte es wegen der schweizerischen Sonderlösung im Abkommen mit der EU eine Ergänzung. Die Zuordnung zur schweizerischen Versicherung aufgrund des Erwerbsortsprinzips allein hätte nämlich bei in der Schweiz Erwerbstätigen mit Wohnsitz im Ausland nicht zur Versicherungspflicht geführt, weil nach schweizerischem Recht die Versicherungspflicht nicht an die Erwerbstätigkeit, sondern an den Wohnsitz in der Schweiz anknüpft.

Nachfolgend sind wichtige Bestimmungen des Abkommens für die einzelnen Leistungsbereiche aufgeführt:

### *Alters-, Invaliden- und Hinterlassenenversicherung*

Eine Person, die in mehreren Staaten gearbeitet hat, erhält im Alter oder bei Invalidität je eine Teilrente von jedem dieser Staaten. Die analoge Regelung gilt für Hinterlassenenrenten beim Tod der versicherten Person. Voraussetzung ist, dass sie mindestens ein Jahr lang Beiträge bezahlt hat. Ferner muss die Mindestversicherungszeit des jeweiligen Staates erfüllt sein; dafür werden aber nötigenfalls die Versicherungszeiten aller Staaten berücksichtigt. Anspruch auf schweizerische AHV/IV-Renten besteht, wenn die schweizerische Mindestbeitragsdauer von einem Jahr und die übrigen Anspruchsvoraussetzungen (Rentenalter…) erfüllt sind. Innerhalb des Gebietes Schweiz/EU müssen die Renten in jedes beliebige Wohnland bezahlt werden.

### *Krankenversicherung*

Wer in einem Staat krankenversichert ist, hat auch beim Wohnsitz oder Aufenthalt in einem anderen Staat Anspruch auf Krankenpflegeleistungen bei Krankheit und Nichtberufsunfall.

Die Behandlung im Ausland erfolgt dabei so, als ob die Person dort versichert wäre. Eine vom Staat bestimmte Stelle übernimmt dort gewissermassen die Funktion einer aushelfenden Krankenkasse. Die Kosten der Behandlung werden entweder von dieser Stelle bezahlt und dann der zuständigen Krankenkasse in Rechnung gestellt, oder die betroffene Person bezahlt die Kosten selbst und erhält diese dann von der Krankenkasse rückvergütet. Grundsätzlich gilt auch bei der Krankenversicherung die «Lex Labori», d.h., man ist dort krankenversichert, wo man arbeitet.

Für Grenzgänger gilt in der Schweiz das Optionsrecht. Nach dem «Lex Labori-Prinzip» muss ein Schweizer, auch wenn er in einem angrenzenden EU-Staat arbeitet und seinen Wohnsitz in der Schweiz behält, sich und seine Familie am Arbeitsort versichern. Umgekehrt sind Grenzgänger und ihre Familien, die in der Schweiz arbeiten auch in der Schweiz krankenversichert. Da dies insbesondere im Krankenversicherungsbereich zu Problemen führen konnte, wurde für diesen und nur für diesen Versicherungszweig das Optionsrecht eingeführt. Nach diesem haben die versicherungspflichtigen Grenzgängerinnen und Grenzgänger die Wahl, ob sie sich im Staat, in dem sie arbeiten, oder im Staat in dem sie wohnen, versichern wollen. Die Wahl gilt auch für die Familienangehörigen und für Rentnerinnen und Rentner. Sie muss allerdings innerhalb von 3 Monaten nach Beginn der Versicherungspflicht erfolgen und ist grundsätzlich definitiv.

### *Unfallversicherung*

Eine Person, die einen Arbeitsunfall oder eine Berufskrankheit erleidet, erhält Leistungen vom zuständigen Versicherer. Ereignet sich der Unfall in einem anderen Staat, so erhält die Person die Heilbehandlung durch die Unfallversicherung des Behandlungslandes, als wäre sie dort versichert. Die Kosten gehen zulasten der zuständigen Versicherung. Bei Berufskrankheiten ist für die Leistungsgewährung der Staat zuständig, in dem die Person zuletzt mit den schädigenden Stoffen gearbeitet hat.

### *Familienzulagen*

Jede Person hat Anspruch auf die Leistungen des Beschäftigungslandes, auch wenn sie mit ihren Kindern oder die zurückgebliebene Familie in einem anderen

Staat wohnt. Ist der andere Ehegatte im Wohnland ebenfalls erwerbstätig, so besteht vorrangig Anspruch auf Leistungen dieses Staates. Der andere Staat gewährt eine Zulage, wenn seine Leistungen höher sind als die Leistungen des Wohnlandes. In der Schweiz gilt diese Regelung auch für die kantonalen Familienzulagen.

### *Arbeitslosenversicherung*

Im Gegensatz zu den einzelstaatlichen Abkommen werden im Abkommen mit der EU auch bei der Arbeitslosenversicherung die wesentlichen Koordinationsregeln angewendet. So werden namentlich die ausländischen Beitragszeiten in Hinblick auf die Begründung eines Leistungsanspruchs angerechnet, sofern die Voraussetzungen des innerstaatlichen Rechts erfüllt sind. Die Arbeitslosenentschädigung wird in der Regel vom Staat gewährt, in dem die versicherte Person zuletzt erwerbstätig war. Für sämtliche Versicherte der EU und der Schweiz gilt der Grundsatz der Gleichbehandlung. EU-Bürgerinnen und -Bürger in der Schweiz haben Anspruch auf die gleiche Behandlung wie Schweizer Arbeitnehmende, solange sie den Arbeitsämtern als arbeitslos gemeldet und in der Schweiz vermittelbar sind. Im Abkommen ist eine Übergangsfrist von 7 Jahren festgehalten, während deren die Beitragszeiten nicht angerechnet werden, die EU-Bürgerinnen und -Bürger mit einer Schweizer Kurzaufenthaltsbewilligung vorher in einem EU-Staat zurückgelegt haben. Die Schweiz überweist als Gegenleistung die Arbeitslosenbeiträge dieser Personen während dieser Übergangsfrist an das Herkunftsland.

Die in den zwischenstaatlichen Abkommen vorgesehenen Überweisungen von Arbeitslosenbeiträgen der Grenzgängerinnen und Grenzgänger werden während dieser 7 Jahre ebenfalls noch weitergeführt. Nach dieser Übergangsfrist entfallen auch diese.

Am 1. Mai 2004 erfuhr die EU eine Erweiterung durch 10 neue Staaten. Mit Ausnahme des Freizügigkeitsabkommens wurden alle bilateralen Abkommen Schweiz–EU automatisch auf die 10 neuen Mitglieder ausgedehnt. Anhand eines Zusatzprotokolls soll die Ausdehnung auch für das Freizügigkeitsabkommen erfolgen. Dabei sollen die Arbeitsmärkte schrittweise und kontrolliert geöffnet sowie die Erwerbstätigen mittels der flankierenden Massnahmen vor missbräuchlicher Unterschreitung des in der Schweiz geltenden Lohn- und Sozialniveaus durch billige Arbeitskräfte aus dem Ausland und namentlich auch den 10 neuen EU-Ländern geschützt werden.

Die EU ist im Bereiche der sozialen Sicherheit der Versuchung nicht erlegen, ein einheitliches Sozialversicherungssystem zu schaffen. Zu gross waren und sind die Unterschiede in den Mitgliedstaaten. Mit einigen Grundprinzipien wie beispielsweise dem Anrechnen von Beitragszeiten in den einzelnen Staaten, der Beitragspflicht im Erwerbsstaat usw. gelang es der EU über eine Koordination der einzelstaatlichen Regelungen relativ einfach ein gut funktionierendes System aufzubauen, das den freien Personenverkehr nicht behindert. Die Schweiz ist über ein bilaterales Abkommen in dieses System eingebunden. Dies ist sehr wichtig, denn immer mehr Menschen arbeiten zumindest für einige Jahre ausserhalb ihres Geburtslandes und so profitieren sie zumindest innerhalb Europas von einem guten Sozialschutz. Allerdings je nach Erwerbsland mit unterschiedlichen Leistungsniveaus.

## 12.4 Ausblick

Von Aristoteles (384–322 v.Chr.) stammt die Aussage: «Der wahre Menschenfreund sollte danach trachten, dass die Menschen nicht zu arm sind, da grosse Armut die Demokratie schwächt».

Heute wissen die klugen und weitsichtigen politischen Entscheidungsträger, dass die Sicherheit im demokratischen Staat weitgehend vom sozialen Zusammenhalt abhängt. Die soziale Entwicklung darf nicht als wünschenswerter Zusatz zur wirtschaftlichen Entwicklung angesehen werden. Sie ist wesentlicher Bestandteil eines ausgeglichenen, gesunden Wohlstandes. Soziale Entwicklung lässt sich in einer Gesellschaft, die keinen Wohlstand schafft, nicht finanzieren. Es kann keine Umverteilung geben, wenn es nichts umzuverteilen gibt, und wenn die wirtschaftliche Entwicklung nicht Hand in Hand mit der sozialen verläuft, führt dies früher oder später zu ernsten Problemen.

So ist es sehr erfreulich, dass Sozialschutz und soziale Gerechtigkeit zunehmend als Grundpfeiler einer stabilen Weltordnung anerkannt werden. Dies ist insbesondere internationalen Organisationen, wie der UNO, der IAO, dem Europarat usw. zu verdanken, die sich in den letzten Jahren und Jahrzehnten sehr stark für die Förderung und Entwicklung der sozialen Sicherheit und somit auch für den Fortschritt in aller Welt einsetzten. Allerdings zeigen die Zahlen, dass wir von einer sozialen und gerechten Welt noch sehr weit entfernt sind und dass die Kluft zwischen Armen und Reichen mit der voranschreitenden Globalisierung weiter zunimmt. Mehr als die Hälfte der Weltbevölkerung – Arbeitnehmer und ihre Angehörigen – geniessen keinen sozialen Schutz. Rund 90% der Weltbevölkerung im erwerbsfähigen Alter sind nicht in ein Rentensystem eingebunden, das ihnen ein angemessenes Ruhestandseinkommen gewähren könnte.

Eine deutliche Sprache sprechen auch die Armutszahlen. Über eine Milliarde Menschen müssen mit weniger als einem US-Dollar pro Tag auskommen. Ihre Zahl hat sich in den letzten zehn Jahren nicht verringert. Das Gefälle zwischen Arm und Reich hat sich innerhalb der letzten vierzig Jahren verdoppelt und für rund 1,5 Mrd. Menschen hat sich die materielle Situation in den vergangenen 20 Jahren verschlechtert. Das Vermögen der 200 reichsten Personen ist höher als das gemeinsame Einkommen von 40% der Weltbevölkerung.

Dass eine solche Entwicklung zu sozialen Spannungen und Unruhen in den von Armut betroffenen Regionen unserer Welt führt, ist seit langem bekannt. Neueren Datums ist die Erkenntnis, dass Armut und soziale Ungerechtigkeiten auch einen starken Nährboden für den politischen und religiösen Extremismus bilden, der in verstärktem Masse den reichen Westen bedroht.

Diese Probleme können dauerhaft nicht mit militärischer und polizeilicher Gewalt gelöst werden. Es braucht internationale Vereinbarungen, die weltweit gültige soziale Mindestnormen schaffen und eine soziale Umverteilung von Reich zu Arm einleiten. Heute besteht zumindest die Einsicht, dass etwas getan werden sollte, aber es besteht weder ein internationaler Konsens darüber, was getan werden muss, um eine sozial verantwortliche und gerechte Globalisierung zu erreichen, noch Institutionen, die über die notwendigen Kompetenzen verfügen, um notwendige Prozesse einzuleiten. Wohl die beste Empfehlung, die man heute den politischen Verantwortungsträgern geben möchte, stammt paradoxerweise aus einem Werbespot des bekannten globalisierten Unternehmens Nike: «Packen wir's an», dies allerdings mit dem Zusatz: «ehe es zu spät ist».

# 13. Schlussbetrachtung

Die Sozialversicherungen haben im Laufe des 20. Jahrhunderts in praktisch allen Industriestaaten zu einer wesentlichen Verbesserung der Lebensverhältnisse der Bevölkerung geführt. Sie haben massgebend dazu beigetragen, dass die «Arbeiterfrage» gelöst worden ist. Die Diskriminierung der als «Proletariat» an den Rand der Gesellschaft gedrängten Arbeiterschaft gehört der Geschichte an. Die materielle Situation grosser Bevölkerungsschichten, vor allem der Arbeitnehmenden ist erheblich besser geworden.

Die Schweiz hat innerhalb Europas relativ spät mit dem Aufbau einer umfassenden sozialen Sicherheit begonnen. Sie verfügt heute allerdings über ein leistungsfähiges System, das über das Ganze gesehen den internationalen Vergleich nicht zu scheuen braucht. Beeindruckend ist auch die Entwicklung der Gesamtrechnung der schweizerischen sozialen Sicherheit, wie sie in Tabelle 25 dargestellt ist.

Obwohl die Sozialversicherungen stark ausgebaut worden sind und die Gesamtleistungen der sozialen Sicherheit mit rund CHF 100 Mrd. 25% des BIP ausmachen, verzeichnet die Schweiz eine steigende Armut. Immer mehr Menschen fallen durch das enge Netz der Sozialversicherungen und werden von der Sozialhilfe abhängig. Gewisse Notlagen und Formen von Bedürftigkeit werden somit nicht abgedeckt. Einzelne Lücken im Sozialversicherungssystem wird es immer geben, weil dieses nicht final jede Armut beseitigen kann und will, sondern kausal ganz bestimmte Risiken entschädigt. Allerdings soll ein gut optimiertes System der sozialen Sicherheit dafür sorgen, dass die Sozialhilfe nur eine marginale Bedeutung hat. Das ist leider nicht der Fall. Sie hat in den letzten Jahren in beunruhigender Weise zugenommen, und dies verursacht durch den gesellschaftlichen und wirtschaftlichen Wandel. Unsere Sozialversicherungen beruhen immer noch stark auf dem traditionellen Familienbild und auf einer geregelten, kontinuierlichen Lebensarbeit.

| | 1990 | 1995 | 2000 | 2001 | 2002 | 2003 |
|---|---|---|---|---|---|---|
| **Laufende Preise (in Mio. CHF)** | | | | | | |
| **Gesamtausgaben** | 63'207 | 93'826 | 113'699 | 118'895 | 123'533 | 129'610 |
| **Einnahmen** | 85'921 | 115'348 | 135'700 | 135'451 | 133'099 | 147'966 |
| **Leistungen total** davon: | 56'547 | 85'831 | 103'461 | 108'194 | 112'345 | 117'663 |
| Alter | 26'024 | 38'432 | 46'510 | 48'283 | 47'950 | 49'089 |
| Gesundheitswesen | 15'250 | 20'003 | 25'987 | 28'049 | 29'860 | 30'971 |
| Invalidität | 5'793 | 9'737 | 12'818 | 13'848 | 14'643 | 15'659 |
| Hinterbliebene | 3'687 | 5'345 | 6'347 | 6'659 | 6'765 | 6'801 |
| Familien/Kinder | 3'662 | 4'746 | 5'255 | 5'433 | 5'781 | 5'857 |
| Arbeitslosigkeit | 457 | 4'735 | 2'862 | 2'564 | 3'864 | 5'484 |
| Sozialhilfe | 1'311 | 2'349 | 3'102 | 2'712 | 2'835 | 3'138 |
| Wohnen | 363 | 484 | 580 | 648 | 648 | 664 |
| **Sozialquoten (Anteil in Prozent des BIP)** | | | | | | |
| Gesamtausgaben | 19.9 | 25.8 | 27.3 | 28.1 | 28.9 | 29.9 |
| Einnahmen | 27.1 | 31.7 | 32.6 | 32.0 | 31.1 | 34.1 |
| Leistungen | 17.8 | 23.6 | 24.9 | 25.6 | 26.3 | 27.2 |

**Tabelle 25:** Gesamtrechnung der sozialen Sicherheit der Schweiz
Quelle: Bundesamt für Statstik

Unsere Verfassung legt fest, dass die wichtigsten Lebensrisiken durch Sozialversicherungen abgedeckt werden sollen. Diesem Verfassungsauftrag nachleben heisst auch das bestehende Sozialversicherungssystem periodisch den gesellschaftlichen und wirtschaftlichen Veränderungen so anzupassen, dass möglichst wenige Personen von der Sozialhilfe abhängig werden. Allerdings ist dieses verfassungs- und auch völkerrechtlich festgelegte Ziel politisch nicht unumstritten. Seit es die Sozialversicherungen gibt, kritisieren extrem liberalistische Kreise, dass nicht nur den Ärmsten geholfen werde, sondern auch dem Mittelstand. Gerne und herabsetzend wird dabei von der Verteilung nach dem «Giesskannenprinzip» gesprochen. Diese Kreise propagieren mit Blick auf die Gesamtkosten der Sozialen Sicherheit eine Rückkehr zum Bedarfsprinzip. Dies brächte uns aber einen Rückfall ins 19. Jahrhundert und nicht eine Lösung für die Zukunft.

Die Sozialfürsorge oder Armenpflege ist und bleibt für die betroffenen Menschen entwürdigend und muss deshalb auf ein Minimum beschränkt werden.

Sollte die Auffassung, dass die Ausgaben für die soziale Sicherheit zu beschränken seien, politisch mehrheitsfähig werden, dann müsste innerhalb des Sozialversicherungssystems eine Lösung gesucht werden. So läge es auf der Hand bei der Altersvorsorge in der 2. Säule den überobligatorischen Teil zu beschränken und die Steuerbefreiung der 3. Säule abzuschaffen. Es könnten damit Lohnnebenkosten resp. Steuerausfälle reduziert werden, ohne dass vom Verfassungsziel der Absicherung der wirtschaftlichen Folgen des Alters abgerückt wird. Es mutet ja schon etwas grotesk an, wenn eine allgemeine Reduktion der Sozialversicherungsleistungen gefordert wird und gleichzeitig zugelassen werden soll, dass hohe bis höchste Einkommen in der 2. Säule versichert bleiben, dies mit den entsprechenden Steuerabzügen. Das hat mit einer Altersvorsorge, wie sie die Verfassung vorschreibt, schlicht nichts mehr zu tun.

Vordringlicher Handlungsbedarf besteht bei der Krankenversicherung. Das unsoziale Kopfprämiensystem sollte ersetzt werden durch eine Finanzierung, die der wirtschaftlichen Leistungsfähigkeit der versicherten Personen und der Familien Rechnung trägt. Auch eine noch zusätzlich ausgebaute Prämienverbilligung zugunsten der wirtschaftlich Schwächeren kann die Ungerechtigkeit nicht abschaffen, dass die gut bis sehr gut Situierten sich nicht solidarisch an der Finanzierung der Krankheitskosten beteiligen und dabei eine Finanzierungslücke hinterlassen, die letztlich der Mittelstand zu schliessen hat und innerhalb diesem insbesondere die Familien hart trifft.

Ebenfalls notwendig sind wirksame Instrumente um die Gesundheitskosten in den Griff zu bekommen. Internationale Vergleiche zeigen, dass ein hoher Anteil der Gesundheitskosten am Bruttoinlandprodukt nicht zwangsläufig auch eine qualitativ gute Gesundheitsversorgung erbringt. Ob man es wahrhaben will oder nicht, alle Untersuchungen zeigen, dass Gesundheitssysteme, die auf vermehrten Wettbewerb setzen, sehr teuer sind und hohe jährliche Wachstumsraten aufweisen, ohne hinsichtlich des Zugangs zu den Leistungen und der Qualität des Gesundheitswesens signifikant besser zu sein. Im Gesundheitswesen ist Wettbewerb nur in sehr beschränktem Masse wirksam, weil es sich um einen «anbieterdominanten Markt» handelt und der «Konsument» in den seltensten Fällen entscheiden kann, ob er eine Leistung beziehen will und welcher Leistungserbringer für ihn der beste ist. In der Schweiz müsste der Bund mehr Kompetenzen erhalten, um das Angebot der Leistungen bedarfsgerecht zu steuern.

Eine bedauerliche Schwäche zeigt die Schweiz nach wie vor bei den sozialen Massnahmen für die Kinder bzw. für die Familie. Die lange, zu lange klaffende Lücke, nämlich das Fehlen einer Mutterschaftsversicherung, wurde nur ungenügend geschlossen. Die Kinderzulagen sind über 26 kantonale Gesetze sehr unterschiedlich und mangelhaft geregelt. Auch wenn die Kinderzulagen nicht das Ziel haben können, die Aufwendungen für Betreuung und Erziehung der Kinder voll zu decken, sollen sie doch einen angemessenen Beitrag an die für tiefe Einkommen schwer aufzubringenden Kosten leisten. Es braucht eine Bundesregelung, die die Bezugsberechtigung und die Höhe der Kinderzulagen verbindlich festlegt. Weiter braucht es Massnahmen zur Verbesserung der ausserfamiliären Kinderbetreuung, damit sich insbesondere für allein erziehende Mütter und Väter, aber auch für Ehepaare Beruf und Familie nicht gegenseitig ausschliessen. Mit Blick auf die gesellschaftlichen und wirtschaftlichen Veränderungen ist politisches Handeln vordringlich, wollen wir die Zahl der Sozialhilfeempfänger ernsthaft und wirkungsvoll reduzieren. Eine gute Förderung der Kinder bzw. der Familien ist eine der besten Investitionen in die Zukunft.

Unser bestehendes soziales Netz hat sich übers Ganze gesehen trotz gewisser Lücken und Mängel bewährt. Ein Abrücken vom Sozialversicherungsprinzip drängt sich daher nicht auf, und wäre auch nur beim Vorliegen einer besseren Lösung sinnvoll. Hier kann festgestellt werden, dass weder ein «Bismarck» noch ein «Beveridge» des 21. Jahrhunderts in Erscheinung getreten ist.

Halten wir deshalb an diesem bewährten sozialen Netz fest, passen es, soweit erforderlich, immer wieder an neu auftretende Bedürfnisse an, und korrigieren offensichtliche Mängel. Der amerikanische Philosoph John Rawls schrieb im 20. Jahrhundert, dass sich «die Gerechtigkeit in einer Gesellschaft an denen messen lässt, denen es am schlechtesten geht». Sorgen wir dafür, dass niemand mehr aus Armut oder Unglück betteln gehen muss.

# Anhang

## Anhang zu Kapitel 2

### A1: Skala 44 (Monatliche Vollrenten in CHF)

| Bestimmungs-grösse | Alters- und Invaliden-rente | Alters- und Invalidenrente für Witwen/ Witwer | Hinterlassenenrenten und Leistungen an Angehörige | | | |
|---|---|---|---|---|---|---|
| Massgebendes durchschnittliches Jahreseinkommen | | | Witwen/ Witwer | Zusatz-rente | Waisen- und Kinder-rente | Waisenrente 60% |
| | 1/1 | | | 1/1 | 1/1 | 1/1 |
| **bis** | | | | | | |
| 12’900 | 1’075 | 1’290 | 860 | 232 | 430 | 645 |
| 14’190 | 1’103 | 1’323 | 882 | 331 | 441 | 662 |
| 15’480 | 1’131 | 1’357 | 905 | 339 | 452 | 679 |
| 16’770 | 1’159 | 1’391 | 927 | 348 | 464 | 695 |
| 18’060 | 1’187 | 1’424 | 949 | 356 | 475 | 712 |
| 19’350 | 1’215 | 1’458 | 972 | 364 | 486 | 729 |
| 20’640 | 1’243 | 1’491 | 994 | 373 | 497 | 746 |
| 21’930 | 1’271 | 1’525 | 1’016 | 381 | 508 | 762 |
| 23’220 | 1’299 | 1’558 | 1’039 | 390 | 519 | 779 |
| 24’510 | 1’327 | 1’592 | 1’061 | 398 | 531 | 796 |
| 25’800 | 1’355 | 1’625 | 1’084 | 406 | 542 | 813 |
| 27’090 | 1’382 | 1’659 | 1’106 | 415 | 553 | 829 |
| 28’380 | 1’410 | 1’692 | 1’128 | 423 | 564 | 846 |
| 29’670 | 1’438 | 1’726 | 1’151 | 431 | 575 | 863 |
| 30’960 | 1’466 | 1’760 | 1’173 | 440 | 587 | 880 |
| 32’250 | 1’494 | 1’793 | 1’195 | 448 | 598 | 897 |
| 33’540 | 1’522 | 1’827 | 1’218 | 457 | 609 | 913 |
| 34’830 | 1’550 | 1’860 | 1’240 | 465 | 620 | 930 |
| 36’120 | 1’578 | 1’894 | 1’262 | 473 | 631 | 947 |
| 37’410 | 1’606 | 1’927 | 1’285 | 482 | 642 | 964 |
| 38’700 | 1’634 | 1’961 | 1’307 | 490 | 654 | 980 |
| 39’990 | 1’651 | 1’981 | 1’321 | 495 | 660 | 991 |
| 41’280 | 1’668 | 2’002 | 1’335 | 501 | 667 | 1’001 |
| 42’570 | 1’686 | 2’023 | 1’348 | 506 | 674 | 1’011 |
| 43’860 | 1’703 | 2’043 | 1’362 | 511 | 681 | 1’022 |
| 45’150 | 1’720 | 2’064 | 1’376 | 516 | 688 | 1’032 |

| | | | | | | |
|---|---|---|---|---|---|---|
| 46’440 | 1’737 | 2’085 | 1’390 | 521 | 695 | 1’042 |
| 47’730 | 1’754 | 2’105 | 1’404 | 526 | 702 | 1’053 |
| 49’020 | 1’772 | 2’126 | 1’417 | 531 | 709 | 1’063 |
| 50’310 | 1’789 | 2’147 | 1’431 | 537 | 716 | 1’073 |
| 51’600 | 1’806 | 2’150 | 1’445 | 542 | 722 | 1’084 |
| 52’890 | 1’823 | 2’150 | 1’459 | 547 | 729 | 1’094 |
| 54’180 | 1’840 | 2’150 | 1’472 | 552 | 736 | 1’104 |
| 55’470 | 1’858 | 2’150 | 1’486 | 557 | 743 | 1’115 |
| 56’760 | 1’875 | 2’150 | 1’500 | 562 | 750 | 1’125 |
| 58’050 | 1’892 | 2’150 | 1’514 | 568 | 757 | 1’135 |
| 59’340 | 1’909 | 2’150 | 1’527 | 573 | 764 | 1’146 |
| 60’630 | 1’926 | 2’150 | 1’541 | 578 | 771 | 1’156 |
| 61’920 | 1’944 | 2’150 | 1’555 | 583 | 777 | 1’166 |
| 63’210 | 1’961 | 2’150 | 1’569 | 588 | 784 | 1’176 |
| 64’500 | 1’978 | 2’150 | 1’582 | 593 | 791 | 1’187 |
| 65’790 | 1’995 | 2’150 | 1’596 | 599 | 798 | 1’197 |
| 67’080 | 2’012 | 2’150 | 1’610 | 604 | 805 | 1’207 |
| 68’370 | 2’030 | 2’150 | 1’624 | 609 | 812 | 1’218 |
| 69’660 | 2’047 | 2’150 | 1’637 | 614 | 819 | 1’228 |
| 70’950 | 2’064 | 2’150 | 1’651 | 619 | 826 | 1’238 |
| 72’240 | 2’081 | 2’150 | 1’665 | 624 | 832 | 1’249 |
| 73’530 | 2’098 | 2’150 | 1’679 | 630 | 839 | 1’259 |
| 74’820 | 2’116 | 2’150 | 1’692 | 635 | 846 | 1’269 |
| 76’110 | 2’133 | 2’150 | 1’706 | 640 | 853 | 1’280 |
| 77’400 | 2’150 | 2’150 | 1’720 | 645 | 860 | 1’290 |
| **und mehr** | | | | | | |

Quelle: www.ahv.ch

## A2: Eintrittsabhängige pauschale Aufwertungsfaktoren

| Erster IK[3]-Eintrag im Jahre | Aufwertungsfaktor | Erster IK-Eintrag im Jahre | Aufwertungsfaktor |
|---|---|---|---|
| 1956 | 1.617 | 1981 | 1.058 |
| 1957 | 1.590 | 1982 | 1.043 |
| 1958 | 1.563 | 1983 | 1.029 |
| 1959 | 1.536 | 1984 | 1.015 |
| 1960 | 1.510 | 1985 | 1.002 |
| 1961 | 1.483 | 1986 | 1.000 |
| 1962 | 1.456 | 1987 | 1.000 |
| 1963 | 1.430 | 1988 | 1.000 |
| 1964 | 1.404 | 1989 | 1.000 |
| 1965 | 1.379 | 1990 | 1.000 |
| 1966 | 1.354 | 1991 | 1.000 |
| 1967 | 1.329 | 1992 | 1.000 |
| 1968 | 1.305 | 1993 | 1.000 |
| 1969 | 1.281 | 1994 | 1.000 |
| 1970 | 1.257 | 1995 | 1.000 |
| 1971 | 1.234 | 1996 | 1.000 |
| 1972 | 1.213 | 1997 | 1.000 |
| 1973 | 1.192 | 1998 | 1.000 |
| 1974 | 1.173 | 1999 | 1.000 |
| 1975 | 1.156 | 2000 | 1.000 |
| 1976 | 1.140 | 2001 | 1.000 |
| 1977 | 1.124 | 2002 | 1.000 |
| 1978 | 1.107 | 2003 | 1.000 |
| 1979 | 1.091 | 2004 | 1.000 |
| 1980 | 1.074 | | |

Quelle: www.ahv.ch

[3] Individuelles Konto

# A3: Rentenberechnungsbeispiele

## Berechnungsbeispiel 1:

**Der Durchschnitt der Erwerbseinkommen wird aufgrund der individuellen Konten (IK) ermittelt und wie folgt berechnet:**

| | |
|---|---|
| Einkommenssumme aus 42 Beitragsjahren von 1963 bis und mit 2004 | 726'497 |
| Die Aufwertung mit dem massgebenden Faktor 1.430 (erster Eintrag in das IK[4] im Jahre 1963) ergibt eine aufgewertete Einkommenssumme von | 1'038'891 |
| Diese aufgewertete Einkommenssumme geteilt durch die Beitragsdauer (42 Jahre) ergibt den Durchschnitt der Erwerbseinkommen von | 24'736 |

Quelle: www.ahv.ch

**Der Durchschnitt der Erziehungsgutschriften wird wie folgt berechnet:**

| | |
|---|---|
| $\dfrac{\text{Anzahl Jahre * dreifache jährliche Minimalrente (18 * CHF 38'700)}}{\text{Beitragsdauer (42)}} : 2$ | 8'293 |
| Der Durchschnitt der Erwerbseinkommen wird mit dem Durchschnitt der Erziehungsgutschriften zusammengezählt. Dies ergibt ein durchschnittliches Jahreseinkommen (aufgerundet auf Tabellenwert) von | 33'540 |
| Ungekürzte Altersrente | 1'522 |
| Abzüglich Vorbezugskürzung 1 Jahr (3,4 %) | - 52 |
| Die monatliche, gekürzte Altersrente der Frau beträgt ab 1. Mai 2005 | 1'470 |

Quelle: www.ahv.ch

[4] Individuelles Konto

## Berechnungsbeispiel 2:

**Beide Ehegatten sind rentenberechtigt.**

Gleiche Ausgangslage wie im ersten Beispiel, nur dass nun der am 25. Oktober 1940 geborene Ehemann ab 1. November 2005 ebenfalls Anspruch auf eine Altersrente hat. Die beiden Altersrenten werden nun unter Vornahme der Einkommensteilung neu berechnet. Der Ehemann hat seit 1961 bis zum Eintritt des Rentenfalls ebenfalls ununterbrochen AHV-Beiträge entrichtet und weist daher eine vollständige Beitragsdauer auf, nämlich 44 Jahre. Dies ergibt eine Vollrente (s. Anhang A1: Rentenskala 44).

**Der Durchschnitt der Erwerbseinkommen wird aufgrund der individuellen Konten ermittelt und wie folgt berechnet:**

| | **Frau** | **Mann** |
|---|---|---|
| Ungeteilte Erwerbseinkommen vor der Ehe: | | |
| (1963 und 1964) | 12’000 | |
| (1961 bis 1964) | | 58’000 |
| Geteilte Erwerbseinkommen für die Zeit während der Ehe (1965 bis 2004): | | |
| Einkommen Frau | 357’249 | 357’249 |
| Einkommen Mann | 700’000 | 700’000 |
| Einkommenssumme aus 42 Beitragsjahren von 1963 bis 2004 | 1’069’249 | |
| Einkommenssumme aus 44 Beitragsjahren von 1961 bis 2004 | | 1’115’249 |
| Die Aufwertung mit dem massgebenden Faktor 1.430 bzw. für den Mann 1.483 (erster Eintrag in das IK im Jahre 1963 bzw. für den Mann 1961) ergibt eine aufgewertete Einkommenssumme von | 1’529’027 | 1’653’914 |
| Diese aufgewertete Einkommenssumme geteilt durch die massgebende Beitragsdauer (42 bzw. für den Mann 44 Jahre) ergibt den Durchschnitt der Erwerbseinkommen von | 36’405 | 37’589 |

Quelle: www.ahv.ch

**Der Durchschnitt der Erziehungsgutschriften wird wie folgt berechnet:**

| | Frau | Mann |
|---|---|---|
| $\frac{\text{Anzahl Jahre * dreifache jährliche Minimalrente (18 * CHF 38'700)}}{\text{Beitragsdauer (42)}} : 2$ | 8'293 | |
| $\frac{\text{Anzahl Jahre * dreifache jährliche Minimalrente (18 * CHF 38'700)}}{\text{Beitragsdauer (44)}} : 2$ | | 7'916 |
| Der Durchschnitt der Erwerbseinkommen wird mit dem Durchschnitt der Erziehungsgutschriften zusammengezählt. Dies ergibt ein durchschnittliches Jahreseinkommen (aufgerundet auf Tabellenwert) von | 45'150 | 46'440 |
| Wie aus der Tabelle (s. Anhang A1: Rentenskala 44) ersichtlich ist, beträgt die Altersrente: | | |
| der Frau (ungekürzt) | 1'720 | |
| des Mannes | | 1'737 |
| **Aufgrund der Plafonierung ergeben sich folgende Renten:** | | |
| Plafonierungsformel: | | |
| $\frac{\text{Rente der Frau * 150\% des Höchstbetrages (CHF 1'720 * CHF 3'225)}}{\text{Rente der Frau + Rente des Mannes (CHF 1'720 + CHF 1'737)}}$ | 1'605 | |
| Abzüglich Vorbezugskürzung (3,4%) | - 55 | |
| Die monatliche, gekürzte Altersrente der Frau beträgt ab 1. November 2005 | 1'550 | |
| $\frac{\text{Rente des Mannes * 150\% des Höchstbetrages (CHF 1'737 * CHF 3'225)}}{\text{Rente der Frau + Rente des Mannes (CHF 1'737 + CHF 1'720)}}$ | | 1'620 |

Quelle: www.ahv.ch

# Adressen und Gesetze

## Adressen und Gesetze zu Kapitel 2

### Die Alters- und Hinterlassenenversicherung (AHV):

*Kantonale Ausgleichskassen, Branchen- oder Verbandsausgleichskassen*

Die Adressen sämtlicher Ausgleichskassen sind auf den letzten Seiten jedes Telefonbuchs aufgeführt oder finden sich im Internet unter www.ahv.ch/Home-D/allgemeines/kassen/kassen.html

*Bundesgesetz über die Alters- und Hinterlassenenversicherung (AHVG)*
www.admin.ch/ch/d/sr/c831_10.html

### Die Invalidenversicherung (IV):

*Kantonale IV-Stellen*

Diese befinden sich in den meisten Kantonen im Kantonshauptort.
Adressen im Internet: http://www.ahv.ch/Home-D/allgemeines/ivs/ivs.php

*Kantonale Ausgleichskassen, Branchen- oder Verbandsausgleichskassen*

Die Adressen sämtlicher Ausgleichskassen sind auf den letzten Seiten jedes Telefonbuchs aufgeführt oder finden sich im Internet unter www.ahv.ch/Home-D/allgemeines/kassen/kassen.html

*Bundesgesetz über die Invalidenversicherung (IVG)*
www.admin.ch/ch/d/sr/c831_20.html

**Die berufliche Vorsorge (Zweite Säule):**

*Kantonale BVG-Aufsichtsbehörden*

Alle kantonalen BVG-Aufsichtsbehörden geben Auskunft zu den Fragen zum BVG; die Adressen sind in jedem Telefonbuch auf den letzten Seiten zu finden.

*Auffangeinrichtung BVG*

Fragen zum BVG-Beitritt; Adressen der Zweigstellen stehen in jedem Telefonbuch auf den letzten Seiten.

*Schweizerische Kammer der Pensionskassenexperten*

St. Jakobs-Strasse 25, 4002 Basel
Tel. 061/277 53 41
Fax. 061/277 57 47

(Die Mitgliederliste der Kammer enthält auch Adressen von unabhängigen Pensionskassenberatern)

*Bundesgesetz über die berufliche Alters- , Hinterlassenen- und Invalidenvorsorge (BVG)*
www.admin.ch/ch/d/sr/c831_40.html

*Bundesgesetz über die Freizügigkeit in der beruflichen Alters-, Hinterlassenen- und Invalidenvorsorge (FZG)*
www.admin.ch/ch/d/sr/c831_42.html

**Die private Vorsorge (Dritte Säule):**

Die Durchführung obliegt den schweizerischen Lebensversicherungsgesellschaften oder den Bankenstiftungen (Adressen sind im Telefonbuch zu finden).

*Bundesgesetz über die berufliche Alters- , Hinterlassenen- und Invalidenversicherung (BVG)*
www.admin.ch/ch/d/sr/c831_40.html

*Verordnung über die steuerliche Abzugsberechtigung für Beiträge an anerkannte Vorsorgeformen (BVV 3)*
www.admin.ch/ch/d/sr/c831_461_3.html

## Adressen und Gesetze zu Kapitel 3

### Die Krankenversicherung (KV):

*Bundesamt für Gesundheitswesen*

Hauptabteilung Kranken- und Unfallversicherung, Schwarzenburgstrasse 165, 3097 Liebefeld-Bern
www.bag.admin.ch
(Aufsichtsbehörde für Kranken- und Unfallversicherung)

*Santé Suisse*

Römerstrasse 20, 4500 Solothurn
Tel. 032/625 41 41
E-Mail: mail@santesuisse.ch
Website: www.santesuisse.ch

*Bundesgesetz über die Krankenversicherung (KVG)*
www.admin.ch/ch/d/sr/c832_10.html

## Adressen und Gesetze zu Kapitel 4

**Die Unfallversicherung (UV):**

*SUVA – Schweizerische Unfallversicherungsgesellschaft*

Fluhmattstrasse 1, Postfach, 6002 Luzern
Tel. 041/419 51 11
Fax 041/419 59 17 (für Bestellungen)
www.suva.ch
(Auskünfte erteilen auch die über 20 SUVA-Agenturen, die in allen grösseren Schweizer Städten zu finden sind. Tel. 0848 820 820, Fax 0848 820 821)

*Schweizerischer Versicherungsverband (SVV)*

Bereich Kranken- und Unfallversicherung
C.F. Meyer-Strasse 14, Postfach 4288, 8022 Zürich
Tel. 044/208 28 28
Fax 044/208 28 00 (generelle Informationen, Adresslisten)

*Bundesgesetz über die Unfallversicherung (UVG)*
www.admin.ch/ch/d/sr/c832_20.html

## Adressen und Gesetze zu Kapitel 5

**Die Militärversicherung (MV):**

Zuständige Institution:

SUVA, Fluhmattstrasse 1, 6002 Luzern
Tel. 0848 830 830
www.suva.ch

Nach Wohnsitz der Versicherten:

*Assurance militaire*

Rue Jacques Grosselin 8, 1227 Carouge
Tel. 022/307 77 00
Fax. 022/307 77 88
Französischsprachige Teile FR, VS, BE sowie GE, VD, NE, JU

*Militärversicherung*

Postfach 8715, 3001 Bern
Tel. 031/324 69 55, Fax 031/323 51 20 (Deutschsprachige Teile BE, FR, VS)
Tel. 031/324 69 71, Fax 031/323 51 21 (AG, BS, BL, LU, SO)

Unterstrasse 14, 9001 St.Gallen
Tel. 071/226 67 11
Fax. 071/226 67 30
ZH, SH, TG, GL, GR(d), SG, NW, UR, AR, AI, SZ, ZG

*Assicurazione militare*

Via Vela 1, 6501 Bellinzona
Tel. 091/825 64 12
Fax 091/825 88 87
TI, GR(i)

*Bundesgesetz über die Militärversicherung (MVG)*
www.admin.ch/ch/d/sr/c833_1.html

## Adressen und Gesetze zu Kapitel 6

*Kantonale Ausgleichskassen, Branchen- oder Verbandsausgleichskassen*

Die Adressen sämtlicher Ausgleichskassen sind auf den letzten Seiten jedes Telefonbuchs aufgeführt oder im Internet abrufbar unter:

www.ahv.ch/Home-D/allgemeines/kassen/kassen.html

*Bundesgesetz über die Erwerbsersatzordnung für Dienstleistende in Armee, Zivildienst und Zivilschutz (EOG)*

www.admin.ch/ch/d/sr/c834_1.html

## Adressen und Gesetze zu Kapitel 8

Auskünfte über die ALV-Beiträge erteilen die AHV-Ausgleichskassen und ihre Zweigstellen. Das Verzeichnis aller AHV-Ausgleichskassen befindet sich auf den letzten Seiten der Telefonbücher oder ist im Internet abrufbar unter:

www.ahv.ch/Home-D/allgemeines/kassen/kassen.html

Auskünfte über sämtliche Leistungen der Arbeitslosenversicherung geben die Arbeitslosenkassen und die zuständigen Amtsstellen (Gemeinde, Regionales Arbeitsvermittlungszentrum (RAV) oder kantonale Amtsstelle, Informationsbroschüren, Beratung; Adressen über kantonale Verwaltung oder Berufsverbände).

*Bundesgesetz über die Arbeitslosenversicherung und Insolvenzentschädigung (AVIG)*

www.admin.ch/ch/d/sr/c837_0.html

## Adressen und Gesetze zu Kapitel 9

Bundesamt für Sozialversicherung
www.bsv.admin.ch

Gesetz über Ergänzungsleistungen
www.admin.ch/ch/d/sr/c831_30.html

## Adressen und Gesetze zu Kapitel 10

Familienausgleichskassen, die von den AHV-Ausgleichskassen der Kantone und Verbände geführt werden: Die Adressen sämtlicher Ausgleichskassen sind auf

den letzten Seiten jedes Telefonbuchs aufgeführt oder finden sich im Internet unter:
www.ahv.ch/Home-D/allgemeines/kassen/kassen.html

*Bundesgesetz über die Familienzulagen in der Landwirtschaft (FLG)*
www.admin.ch/ch/d/sr/c836_1.html

## Adressen und Gesetze zu Kapitel 12

*Bundesamt für Sozialversicherungen*
Effingerstrasse 20, 3003 Bern
www.bsv.admin.ch/

*Staatssekretariat für Wirtschaft*
Effingerstrasse 1, 3003 Bern
www.seco-admin.ch

# Tabellenverzeichnis

# Abbildungsverzeichnis

# Literatur- und Quellenverzeichnis

## Literaturquellen

Bundesamt für Sozialversicherung: Beiträge zur Sozialen Sicherheit: Bericht zur 3-Säulen-Konzeption (1995); Bericht über die Finanzierungsperspektiven der Sozialversicherungen (1996); Bericht über die Analyse der Leistungen der Sozialversicherungen (1997); Bericht über die wirtschaftlichen Auswirkungen von Reformen der Sozialversicherungen (1998); Ratgeber Sozialversicherung (2000); Soziale Sicherheit in der Schweiz (2002); Schweizerische Sozialversicherungsstatistik (2005).

Eidg. Departement des Innern (2004): Familienbericht 2004.

ILO (2000): World Labour Report 2000, Geneva.

Kocher G., Oggier W. (2004): Gesundheitswesen Schweiz, 2004–2006, Verlag Hans Huber, Bern.

Maurer Erwin (2003): Einführung in das Bundes-Sozialversicherungsrecht ( unter Ausschluss des Medizinalrechts), Vorlesungsskriptum, Universität Freiburg.

Müller Wilhelm (1898): Fürst Bismark 1815–1898: Verlag Carl Krabbe, Stuttgart.

Riemer-Kafka G. (2002): Eine finale Volks- und Allriskversicherung – ein Traum? Schweizerische Zeitschrift für Sozialversicherung und berufliche Vorsorge, Band 46, Heft 4.

Tschudi Hanspeter (1998): Die Zukunft der Sozialversicherungen, Schweizerische Zeitschrift für Sozialversicherung und berufliche Vorsorge, Band 42, Heft 6.

Tschudi Hanspeter (1999): Die Sozialziele der neuen Bundesverfassung, Schweizerische Zeitschrift für Sozialversicherung und berufliche Vorsorge, Band 43, Heft 3.

Tschudi Hanspeter (2001): Die neue Bundesverfassung als Grundlage des Sozialversicherungsrechts, Schweizerische Zeitschrift für Sozialversicherung und berufliche Vorsorge, Band 45, Heft 1.

**Internetquellen**

Allgemeine Bundesverwaltung: www.admin.ch

Bundesamt für Gesundheit: www.bag.admin.ch

Bundesamt für Sozialversicherung: www.bsv.admin.ch

Bundesamt für Statistik: www.bfs.admin.ch

Bundesministerium für Gesundheit und Soziale Sicherung: www.bmgs.bund.de

Eidg. Finanzdepartement: www.efd.admin.ch

Informationsstelle AHV/IV: www.ahv.ch

Staatssekretariat für Wirtschaft (SECO): www.seco-admin.ch